ありがとうの魔法

Magic of the
Word "Arigato"

小林正観

ダイヤモンド社

はじめに

私の40年間の研究の結果、

「ありがとう」を言うだけで、「神様」を味方につけることができるらしい

ということがわかってきました。

そのことに気づいてしまうと、「損得勘定《そんとくかんじょう》」で考えた場合、頑張ったり、足りないものを手に入れようと、躍起になる必要がないことがわかります。

「努力」するよりも、「感謝をして（ありがとうを言って）、神様に味方になってもらう」ほうが、「得」と考えられるからです。

どうも「神様」というのは、

「喜ばれると嬉しい（「ありがとう」を言われると嬉しい）というエネルギーだけの存在」

のようなのです。それがわかってしまうと、「神様」や「宇宙」を使いこなすことは、「それほどむずかしくない」ことだと思います。

否定的な言葉をいっさい言わず、口から出る言葉が「嬉しい・楽しい・幸せ・愛してる・大好き・ありがとう・ツイてる」といった肯定的な言葉になれば、神様を味方につけることができるようなのです。

ただひたすら喜んで、「ありがとう」を口にして、「感謝」さえしていれば、「ありがとう」と言いたくなるような出来事が降ってくるらしいのです。

ただし、「『ありがとう』と言いたくなるような出来事」といっても、「特別な出来事」が降ってくるわけではないようです。

じつは、今までと同じ「普通の出来事」が降ってきているだけで、降ってくる出来事の「質」が変わるわけではありません。

では、どうして「幸せな出来事」が降ってきているように感じるのでしょうか。

それは、「感謝の心（ありがとうの心）」に目覚めたからのようです。

ひとつの現象や出来事に、「プラス」も「マイナス」もありません。

ですが、「感謝の心」を意識しはじめた人間は、「普通の出来事」にさえ、幸せを感じられるようになります。

そして、「一般的に不幸」といわれるような現象に対しても、「幸せととらえる」ようになり、その結果として「特別な出来事が降ってきている」ように感じるらしいのです。

です。

たとえば、30年間、病気をしたことのない人が、「盲腸（虫垂炎）」で2週間入院したとします。そのとき「病気になって悪かった」という考え方もあるでしょう。

けれど一方で、

「2週間まとめて休むことができた。2週間休んだらすごく元気になった。これはきっと、神様が与えてくれた2週間だ」

というとらえ方もあるのです。

どちらにとらえても、「起こった現象」は同じ。

現象は「中立」。

現象は「ニュートラル」。

「幸せ」と「不幸」は、本人のとらえ方が違うだけだと思います。

「感謝（ありがとう）」という概念で出来事や現象をとらえてみると、「幸せな出来事が増えた」と感じられるでしょう。

自分が置かれている状況が「幸せ」だと気づいたら、私たちは、今すぐにでも「幸せ」を手にすることができるようなのです。

●「ありがとう」を言う回数と、奇跡のレベルは比例する

ある地域での、私のはじめての講演会に200人もの人が集まってくださったことがあります。

はじめての地域での講演会の場合、参加者はさほど多くなく、数十人程度が普通ですから、200人は異例でした。そこで会の幹事さんにうかがいました。

「どうして、こんなにたくさんの人が集まってくださったのですか？」

理由はこういうものでした。その地域には、私の講演テープを聴いてくださった方がたくさんいらしたのですが、その中のおひとりが、「『ありがとう』を言い続けた結果、奇跡的な体験をした」ようなのです。

その人は74歳の男性で、目の病気をお持ちでした。

医師からは、「すぐに手術が必要で、手術をしなければ、このまま目が見えなくなる危険性がある。しかし、手術をしたからといって、完治するかどうかはわからない」と言われていたそうです。

手術をするかしないか、この男性はつらい選択を迫られました。そしてその方が選択したのは、「第3の選択」だったのです。

「ありがとう」を言い続ける、という選択です。

自分は仕事もしていないし、時間もあるからと、朝9時から夕方5時まで、「仕事」として「ありがとう」を言い続けたと言います。

朝9時から正午まで3時間言い続け、お昼休みを1時間取り、午後1時から夕方5時まで4時間、「ありがとう」を言い続ける。1日7時間、「ありがとう」を言い続けたそうです。

半年間ぐらい「ありがとう」を言い続け、その回数は「130万回」に及びました。130万回、言い終わって、再び医師の診断を受けたところ、「病気の進行が止まっていて、視力は衰えていない」ことがわかったそうです。そして「手術をしないで様子を見る」ことになったとのことです。

この男性の話を伝え聞いた人たちは、こぞって「ありがとう」を言いはじめたそうです。そしてその地域には「ありがとう実践会」という集まりができました。

私の講演会に参加してくださった200人は、この「ありがとう実践会」の方々が中心です。

今までも、「ありがとう」を「２万５０００回言った」「５万回言った」「10万回言った」という人はたくさんいらっしゃいましたが、「ありがとう実践会」の方々は、「私は60万回言った」「あと３日あれば１００万回になる」と言うので、その回数の多さに私は大変驚きました。

何度も実証を重ねた結果、客観的な事実として、「ありがとう」という言葉は、すごい力を持っているらしい……ということがわかりました。

「ありがとう」の語源は、「有《あ》り難《がた》し」。神や仏が「あり得ないこと」を起こしてくれたときに、神・仏を賞賛する言葉として、「有り難し」「有り難い」という言葉が存在したそうです。

室町時代以前は、人に対して使われることがなく、「神・仏をたたえる言葉」だったそうです。

現在の私たちは、人に対して「ありがとう」を使っていますが、下界から「ありがとう」が聞こえてくると、神様は、その人の「ありがとう」の回数を、自分への賞賛として、カチカチと、カウントしているようです。

まだはっきりした方程式はつかめていないのですが、どうやら「ありがとう」の回数が、２万５０００回〜５万回になったあたりで、奇跡が起こる段階の「第1モード」が来るらしい。10万回を超えたあたりで「第2モード」が来るらしい。

50万回あたりで「第3モード」に入り、１００万回を超えたあたりで「第4モード」に入り、１０００万回を超えたあたりで「第5モード」に入り、１億回を超えた時点で「第6モード」に入るらしいのです。

細かい数字の差はあるでしょうが、「桁《けた》が違ってくると、違う世界に入るらしい」

「神様は、その人が口にした『ありがとう』の数を、カチカチと、カウントしていて、新しいモードに入った時点で新しい奇跡を起こしてくれるらしい」という「実例」を、たくさん見てきました。

「ありがとう実践会」の中に、「ガン」に罹患《りかん》している人がいたそうです。20人くらいの仲間がその人を囲み、朝から晩までひたすら「ありがとう」を言い続けたところ、その後、しばらくして「その人のガン細胞がなくなった」という話を聞きました。

すべての人にこの方程式が当てはまるとは保証できませんが、どうも「ありがとう」という言葉には、ものすごい力があるようなのです。

●不条理を「受け入れる（感謝する）」と、幸せを感じられる

事故や病気に遭遇した人の中には、精神的なショックから、なかなか社会復帰でき

ないる人がいるそうです。

こうした人たちのカウンセリングをしている方に、お会いしたことがあります。その方によると、社会復帰できるか否かは、「ある1点」を乗り越えられるか（理解できるか）どうかにかかっている、とのことでした。

「ある1点」とは、「不条理を受け入れるか（感謝するか）どうか」です。

「不条理」とは、「理屈に合わないこと」「筋道が通らないこと」です。

たとえば、大きな事故や災害に遭い、家や家族を失ってしまったとき、「私は、今まで悪いことをしてこなかったのに、どうして、自分だけがひどい目に遭うのか」と被害者の多くが思うそうです。

それでも、ほとんどの被害者は、事故や災難を現実のものとして受け入れ、乗り越えていきます。

しかし、「どうして、自分だけがひどい目に遭うのか」という考えから抜け出せない人は、いつまでも乗り越えることができない（社会復帰できない）そうです。

「じつは、世の中は、『不条理』なことに満ちている」と思い定めれば、その問題は乗り越えられるのかもしれません。

だとすれば、「汚職まみれの政治家が何度も当選する」「人を不幸にしながら成功していく企業がある」といった理不尽を受け入れ、「世の中は『不条理』で成り立っている」ことを受け入れる必要があるのだと思います。

世の中は、自分が思っている「正義」や「道義」にしたがって、できているのではないようです。

「正義」や「道義」や「道徳観」を持つのは自由ですが、必ずしも、自分以外の人も同じ考えを持っているわけではありません。

では、理不尽なことをしている人を見かけた場合、その人を糾弾しなくていいのでしょうか。私の答えは、「しなくていい」です。**自分の道義に反する人を裁いたり、糾弾したりするのではなく、「ああいうことは、自分は絶対にしないと決意すること」のほうが重要だと思うのです。**

もし、この社会で生きるすべての人、一人ひとりが「理不尽な振る舞いは絶対にしない」と決意できたなら、素晴らしい社会になるでしょう。

正義や道義に反した人を糾弾したからといって、社会が変わるということは、ほとんどないと言えるのではないでしょうか。

まず、自分が決意し、あらためることです。

たとえば、この本を読んだすべての人が、自分の中にある道義や正義に反しないように日常生活を組み立てたとしたら、穏やかで、あたたかく、住みやすい社会に変わると思います。

世の中は、「『不条理』がたくさん集まってできている」と受け入れること。

その不条理が自分にとって許せないものであるならば、「不条理」の中にいる人を糾弾するのではなく、「自分自身は、そういう生き方はしない」と固く決意し直すこと。

遠回りのようでも、結局は、それが、あたたかで穏やかな社会をつくる近道のような気がします。

●私が、長女から教わったこと

この話は、何度か本に書かせていただきましたが……、私には、知的障害を抱えた長女がいます。

彼女は、普通の子どもよりも筋力が足りないため、速く走ることができません。運動会の徒競走では、いつも「ビリ」です。

彼女が小学校6年生のとき、運動会の前に足を捻挫《ねんざ》してしまった友だちがいました。長女はこの友だちと一緒に走ることになっていたため、私の妻はこう思ったそうです。

「友だちには悪いけれど、はじめて、ビリじゃないかもしれない……」

運動会を終え、妻はニコニコしながら帰ってきました。私は、「ビリじゃなかったんだ」と思ったのですが、「今回も、やっぱりビリだった」というのです。

今回もビリだったのに、どうして妻は、いつも以上にニコニコ嬉しそうにしていたのでしょうか。

徒競走がはじまると、長女は、足を捻挫した友だちのことを何度も振り返り、気にかけながら走ったそうです。自分のこと以上に、友だちが無事にゴールできるか、心配だったのでしょう。

友だちは足をかばうあまり、転んでしまいました。すると長女は走るのをやめ、友だちのもとに駆け寄り、手を引き、起き上がらせ、2人で一緒に走り出したそうです。

2人の姿を見て、生徒も、保護者も、先生も、大きな声援を送りました。

そして、ゴールの前まできたとき、長女は、その子の背中をポンと押して、その子を先にゴールさせた……というのです。

この話を聞いたとき、私は気がつきました。人生の目的は、競い合ったり、比べ合ったり、争ったりすることでも、頑張ったり努力をしたりして「1位になる」ことでもない。人生の目的は、「喜ばれる存在になること」である。

私は、そのことを長女から教わりました。そして長女は、そのことを教えてくれるために、私たち夫婦の子どもになったのだと思います。

●人生は「自分が生まれてくる前に書いたシナリオ通り」に進むらしい

40年間、「唯物論者《ゆいぶつろんじゃ》（現象が「物質的」にあらわれない限り信じない考え方）」として、多くの事実を突き詰めていった結果、わかったことがあります。

それは、「どうも、人生には、『シナリオ』が存在するらしい」ということです。

私たちは、自分の手で人生を切り開いてきた（これからも切り開いていける）と思っていますが、どうも、それは違うみたいです。

私たちは、生まれてくる前に、自分自身で「シナリオ」を細かく書いていて、「自分が書いたシナリオ通りの人生」を歩むように決められているようなのです。

私たちは、「どういうところで生まれ、どのような名前をつけられ、どのような職業を選び、どのような人たちと出会って、いつ死んでいくのか」ということまで、すべて、細かく「シナリオ」に書いてきたらしいのです。

「病気をすること」も、「事故に遭《あ》う」ことも、「それによって、悩みや苦しみが生じること」も、ついには「死を迎える」ことも、全部が「シナリオ」通りに進むようなのです。

未来は確定的に存在していて、「自分が生まれてくる前に書いたシナリオ通り」に進んでいくとするならば、「未来を心配すること」に意味はないということになります。

私たちは、「自分がいちばん幸せになる」ようにシナリオを書いています。「一般的に恵まれている」と思えることも、「一般的に不幸だ」と思えることも含めて、自分に起こることは、すべて「生まれる前に自分の魂が決めてきた」ことらしいのです。

ずいぶん前になりますが、末期ガン患者、約30人が、屈強なガイド5人の手を借りながら、モンブランの山の登頂を成功させたことがありました。

登頂に成功したメンバーは「5年後、もしまだ生きていたなら、またみんなでここに来よう」と誓い合ったそうです。

そして5年後、驚いたことに、亡くなっていたのは、屈強なガイドたちでした。前回の登頂をサポートしてくれた屈強なガイド5人のうち、3人が亡くなっていたのだそうです。

ですが、人の死は、まわりの人がどうにかできる問題ではないと思います。

「自分が生まれてくる前に書いたシナリオ通り」に進んでいくとするならば、病気も事故も死も、回避できないし、回避することに意味がないことになるでしょう。

「自分の魂」が決めたことであり、死因が病気であろうと、事故であろうと「予定通りに死んでいく」ことにほかならないと考えられます。

そう考えれば、人の死は、不幸でも悲劇でもない、ととらえることができるのではないでしょうか？

●「してあげたとき」にも「ありがとう」を言うと、パワーが倍増するらしい

お釈迦《しゃか》様の教えに「無財《むざい》の七施《しちせ》」というものがあります。「財力がない人にもできる7つの施し」のことです。

「無財の七施」

【1】やさしい眼《まな》ざし（目）
【2】思いやりに満ちた言葉（口）
【3】温かな笑顔（顔）
【4】他人の悲しさがわかる心（胸）
【5】荷物などを持ってあげる（手足）
【6】席を譲ってあげる（尻）
【7】寝る場所を提供する（背）

お釈迦様を取り巻く集団では、自分でできることはできる限り自分でやり、どうしても自分にはできないことを「他人にやってもらう」ことになっていたようです。

そして、何かを人に頼むときは、こういう呼びかけをしていたそうです。

「誰か、私に施しをし、功徳《くどく》（現世・来世に幸福をもたらすもとになる善行）を積ん

で、幸せになりたい方はいませんか?」

「施し」をすることは「他人のため」ではなく、「自分のため」であったようです。

お釈迦様の集団では、小さな布切れを拾ってきては、それを縫い合わせ、それぞれの服にしていました。お釈迦様の弟子のひとりに、目が見えなくなった弟子がいました。

彼は布のほころびを縫おうとしても、「針に糸を通す」ことができません。

そこで、大きな声で、「どなたか、私に施しをし、功徳を積んで、幸せになりたい方はいませんか?」と声をかけました。

すると、目の前を通った人物が「ぜひ、私にやらせてほしい」と言いました。

なんと、その声の主は、お釈迦様でした。

弟子は慌てて、「大変失礼なことを申しました。お師匠様にお願いするわけにはいきません。今の言葉は聞き流してください」と言って恐縮したそうです。

するとお釈迦様は、こう答えたそうです。

「なぜ私ではいけないのか。私だって、幸せになりたい」

お釈迦様は、ありとあらゆる執着を捨て、悟《さと》ったと言われています。何の悩みもなく、十分に幸せだったはずです。それなのに、「私だって幸せになりたい」と言ったというのです。なんと素敵なひと言でしょう。

「幸せになりたい方はいませんか？」という呼びかけは、してもらう「私」だけでなく、させてもらう「まわりの人」も幸せにしていくようです。

何かをしてもらったときに「ありがとう」を言うのは、「ありがとう」のすごさの半分くらいしか使っていないのかもしれません。

「ありがとう」は、してもらったときだけでなく、「（施しを）させていただいたとき」にも使えます。

させていただいたときに「ありがとう」を言えるようになると、「ありがとう」と言いたくなる現象が、さらに増えていくようなのです。

●人生の目的は「喜ばれる存在になる」＝「頼まれごとをする」

私は「五戒《ごかい》」について、たびたびお話ししています。

五戒とは、「不平不満・愚痴・泣き言・悪口・文句」の5つの言葉のことです。この5つを口にしないように戒めようというのが、私の唱える「五戒」です。

「不平不満・愚痴・泣き言・悪口・文句」が継続化し、恨みや憎しみが心にすみ着いた状態のことを「う・に・の（恨み・憎しみ・呪い）」の状態と私は名付けています。そして「う・に・の」を「禁止する」「心の中から取り除く」のが「三禁《さんきん》」です。

「不平不満・愚痴・泣き言・悪口・文句」を言わないようにする。

そして、恨み・憎しみ・呪いを心から取り除く。このことを「三禁五戒《さんきんごかい》」という言い方を、私はしています（五戒を守ると、三禁に至ることはないと思うので、入り口は五戒です）。

「不平不満・愚痴・泣き言・悪口・文句」を言わなくなると、3ヵ月から6ヵ月くらいで、「頼まれごと」がはじまるようです。

「頼まれごと」があったときは、「不平不満・愚痴・泣き言・悪口・文句」を言わない状態になっているのですから、断ることはないと思います。

時間が空いていれば受ける。空いていなければ受けられない。ただ、それだけです。

ただし、頼まれごとについては「3つの除外原則（3つの「し」）」があります。3つの「し」とは「甘い話（儲け話）」「脅し」「詐欺師」です。

●**「甘い話（儲け話）」**……「お金儲けに興味はありませんか?」「いい株があるのですが」といった話ですが、そんな甘い話があったら、他人に紹介しないと思います

●**「脅し」**……「天変地異《てんぺんちい》が起きるので、救われたければ○○○を買いなさい」など、脅しをかける集団には、かかわらないほうがいいようです

●**「詐欺師」**……詐欺師は、相手のお金を巻き上げるためにいろいろな話をしてくるので、相手が「お金の話」をしてきたらその人とは距離を置くほうがいいと思います

ようするに、３つの「し」は、「お金」に用があるのであって、「その人」に用があるのではありません。ですから、「お金」に関する頼まれごとは、考えなくてよいと思います。

基本的に、「体や能力を貸してほしい」「汗を流してほしい」というお願いが「頼まれごと」なのです。

「頼まれごと」を「はい、はい」と引き受けていくと、３年ほどで「ある方向に自分が動かされている」「どうも、自分の使命はこのあたりにあるらしい」と気がつきます。

この瞬間を「立命《りつめい》の瞬間」といいます。

私が把握した宇宙の構造では、「思いを持って、目標に向かって努力をすることによって、使命が見つかる」のではないようです。自分の使命は、「頼まれごと」の中にあります。

「頼まれごと」は庶民的な言い方ですが、哲学的な言い方にすると、「いかに喜ばれる存在になるか」ということです。

●人生の目的とは?

私は、このように、40年ほど、宇宙のしくみ、構造などに興味を持ち、研究を続けてきましたが、その結果、わかったことがあります。「幸せ」というものは……、「今、足りないものを探して、手に入れること」ではなくて、「自分がすでにいただいているものに感謝し、自分が恵まれていることに気がつき、嬉しい、楽しい、幸せ……、と生きていること」なのです。

そして、そのために実践することは……、

「思いを持たず」、よき仲間からの「頼まれごと」を淡々とやって、どんな問題が起こっても、すべてに「ありがとう」と感謝する（受け入れる）こと。

「そ・わ・かの法則（掃除・笑い・感謝）」を生活の中で実践することであり、「ありがとう」を口に出して言い、逆に、「不平不満・愚痴・泣き言・悪口・文句」を言わないこと。

すると、神様が味方をしてくれて、すべての問題も出来事も、幸せに感じて、「よき仲間に囲まれる」ことになり、「喜ばれる存在」になる。

これこそが「人生の目的」であり、「幸せの本質」なのです。

小林《こばやし》正観《せいかん》

ありがとうの魔法　目次

Magic of the Word "Arigato"

Contents

第1章

「お金」が味方になる習慣

Magic of the Word "Arigato"

第2章

ぜんぶを受け入れる

第3章

「ありがとう」は魔法の言葉

Magic of the Word "Arigato"

第4章

「人間関係」に恵まれる

Magic of the Word "Arigato"

第5章

「病気」にならない人の習慣

Magic of the Word "Arigato"

第6章

「喜ばれる存在」

第7章

「子ども」を伸ばす子育て

Magic of the Word "Arigato"

Contents

Magic of the Word "Arigato"

第9章

「神様」が味方になる習慣

Magic
of the Word
"Arigato"

●カバーデザイン／重原 隆
●本文デザイン・DTP／斎藤 充（クロロス）
●編集協力／藤吉 豊（クロロス）
●編集担当／飯沼一洋（ダイヤモンド社）

第1章

Magic of the Word “Arigato”

「お金」が味方になる習慣

001

トイレ掃除をしてから蓋《ふた》をすると、お金に困らなくなるらしい

「トイレをピカピカに磨いてから蓋《ふた》をすると、なぜかお金に困らなくなる」という宇宙法則が、どうも、あるようです。「トイレ掃除をしたら臨時収入があった」という事例がいくつも、私のところに報告されています。

ある女性から、トイレ掃除を続けていたら、「5000万円」の臨時収入があったという話を聞きました。

この方は、父親と折り合いが悪く、ケンカ別れをしていました。父親は、「おまえには、ビタ一文も、絶対にお金を残さない！」と捨て台詞を吐いたそうです。

ケンカ別れをしたころ、私の「トイレ掃除」の話を聞いて、その女性はトイレ掃除をはじめました。トイレ掃除をはじめて半年ほど経ったとき、父親が亡くなったのですが、遺言書には、「娘に5000万円相続させる」と書かれてあったそうです。

ケンカ別れをしてから、一度も父親と連絡を取っていなかったので不思議に思ったそうですが、ひとつだけ思い当たることがあるとすれば、遺言書の日付が「トイレ掃除をはじめて3ヵ月経った日だった」ということでした。

その女性は、「おそらく、父がお金を遺してくれたのは、トイレ掃除のおかげだと思います。それ以外に考えられません」と私に話してくれました。

ある山奥に温泉旅館がありました。とてもよい旅館なのですが、私がこの旅館に泊まったとき、トイレが少し汚れていました。

従業員が掃除をしていたようですが、心を込めて掃除をしているわけではなかったようです。

私はトイレを磨き、きれいな状態にして出てきました。

講演会のあと、旅館の経営者夫婦とお話をする機会がありました。そのとき私は、このご夫婦に聞いてみました。

「今まで、お金に困ってきませんでしたか?」

直接、お答えはありませんでしたが、お2人とも涙ぐんでいたので、苦しい状況にあったのだと思います。そこで私は、「トイレ掃除」の話をしました。

「なぜだかわからないのですが、経営者が自らトイレ掃除をすると、まったく違う状況になるみたいです。もしかしたら、お金に困らない状況になるかもしれません」

２人がトイレ掃除をはじめたところ、その年の夏と秋の来客数が「例年の2倍」に増えたそうです（6月からトイレ掃除をはじめ、7月から11月までの来客数が2倍になったと聞きました）。

宣伝費を2倍かけたわけでも、チラシを2倍多く配ったわけでもないのに、売上が2倍に増えたのです。

この旅館はトイレ掃除をした結果、とても素晴らしい宿になったようです。もともと、温泉も、建物も、食事も、対応もよい宿でしたので、その本質が、光り輝きはじめたのでしょう。

なぜだかわかりませんが、トイレ掃除をすると、「臨時収入」が入ってくるらしい。

「トイレ掃除」を楽しんでいる人のところには、「そんなに楽しいのなら、もっと楽しくさせてあげよう」と神様は考え、お金を流してくれるようなのです。

002

トイレ掃除を続けていると、お金が湧《わ》いてくることがあるらしい

ある町で、22人の方との食事会があり、そのとき私は、「トイレ掃除をすると、お金に困らないらしい」「トイレをピカピカに磨いてから蓋《ふた》をして出ると、臨時収入があるらしい」という話をしました。

22人のうち11人が主婦でしたが、この11人は、私の話を聞いてから、トイレ掃除をするようになりました。**1ヵ月半後に11人と再会したところ、なんと、ほとんどの人に「4万円から30万円」の臨時収入があったと聞きました。**

11人のうちのひとりは、「トイレを掃除してから、蓋《ふた》を閉める」ことを1年間、やり続けたそうです。自宅のトイレはもちろん、デパートのトイレ、公民館のトイレ、駅のトイレなど、入ったトイレはすべてきれいに掃除をしたそうです。

そんなある日、突然、弁護士を名乗る人から電話がありました。

「○○さんをご存じですか」

「3、4回お会いしたことがあります。それほど親しかったわけではありませんが」

「その方が1週間前に亡くなりました」

「それは、それは……。お通夜にもお葬式にも出られなくて申し訳ありませんでした」

すると、その弁護士は、こう言ったそうです。

「その方の葬儀が終わり、今日、家族立会いで遺言書を開いたら、あなたの名前が書かれていました。『この人は、世のため人のためにすごくよいことをしている人だから、私の遺産の中から800万円贈ってほしい』という内容でした」

弁護士から連絡があった日は、「トイレ掃除をはじめてから、ちょうど1年経った日」だったそうです。

30代後半で絵を描いている女性が、私の話を聞いてから、トイレ掃除をはじめたそうです。半年くらい経ったころ、引き出しを開けると、身に覚えのない封筒がありました。中を見てみると、なんと「1万円札が10枚（10万円）」入っていたそうです。

25歳の男性も、「お金が湧《わ》いてくる」という経験をしたそうです。トイレ掃除をはじめて4カ月経ったとき、引き出しの中に1万円札が2枚（2万円）入っていたそうです。彼は、「自分で入れた覚えがない……」と話していました。

四国に、「タオル」をつくっている会社がありました。この会社の社長も、トイレ掃除を続けているひとりです。

この会社は、「タオルに蛍光色を埋め込むのは環境によくない」と考え、今までの製法をやめることにしました。その結果、売上が少なくなってしまいました。

あるとき、支払いの見込みが立たなくなったことがあります。どうしても100万円足りなかったのです。すると、タンスの中から、突然、封筒が出てきて、封筒の中には、100万円入っていたそうです。社長には、お金を入れた覚えはないそうです。

信じられないかもしれませんが、トイレ掃除を続けていると、「入れた覚えがないお金が湧いてくる」ことがあるみたいです。「何者かが忍び込んでお金を置いた」と考えるより、宇宙的にお金が湧いてきた可能性のほうが高いように思います。

お金が湧いてきた人に共通しているのは、トイレ掃除を一所懸命やっていること。そして、宇宙に対して、「不平不満・愚痴・泣き言・悪口・文句」を言わず、いつもニコニコして「自分が喜ばれる存在でありたい」と思いながら生きていることです。

不思議なことに、こうした人たちには「お金が湧いてくる」ことがあるようです。

003

「福耳の人」や「目が大きい人」は、なぜ、うまくいくのか

「福耳の人は成功する」「福耳の人は運がいい」という言われ方をしますが、これはあながち、間違いではないと思っています。

福耳というのは、耳たぶが大きく、長いことを言います。福耳の人は、事業などに成功する確率が高いと言われていますが、とはいえ、「生まれつき福耳であれば、何もしなくても成功する」ということではないようです。

人間の耳は、親から受け継いだ遺伝子の通りに、ある形をしています。ところが、「人の話をよく聴こう」という意欲が自分の中に湧《わ》いてくると、どうも、耳たぶが発達するらしいのです。

「人の話を聴く」とは、「時間をかけて、ただ聴いている」という意味ではなくて、「人の話を取り入れる」ということです。

「人の話を取り入れる気はない」と思っている人は、耳たぶが、だんだん縮んできて、耳が切り立つらしいのです。

逆に、「人の話をたくさん聴いて、自分の中に取り入れ、より幅の広い人間になろ

う」という意欲と決意を持っている人は、どうも耳たぶが発達するようなのです。

ある宿の経営者の方が、かなり小さな耳たぶをしていたので、「もしかしたら、他人の話をあまり聴いてこなかったのではありませんか？」と聞いたことがありました。するとに隣にいた奥さんが、「本当にこの人は、他の人の話に耳を傾けたことがないんです。親や兄弟の言うことも、いっさい聴かない。会議をしても、常にこの人の声だけが大きくて、他の社員がみな黙ってしまいます。この人はそういう人なんです」と言いました。

私は、「人の話を聴くようにすると、耳たぶが発達して、福耳になるようです。福耳になれば、事業も成功するかもしれませんね」とお伝えしました。

それから、しばらく経って、その経営者に再びお会いしたときのことです。その方の耳たぶが、少しだけ下に出ているように見えたので、「人の話をだいぶ聴くようになったのではないですか？」と尋ねると、「そうなんです。人の話の中には、おもしろいことが、たくさんあることがわかりました」と答えました。

「人の話を聴こう」「自分の役に立つことやおもしろそうなことを、少しでも聞き逃すまい」と思うと、どうも、耳たぶが発達するらしい。「福耳の人は成功する」と言われているのは、「人の話をよく聴くから耳たぶが発達する。そして、役に立つものやおもしろそうなものを取り入れ、実践するから事業的にも成功しやすい」ということなのではないでしょうか？

耳と同じように、「目」を大きくする方法もあるようです。その方法とは、自分のまわりの現象や人、本に対して、「すべてのものが手本であり、素晴らしい教材になるかもしれない。だから、見逃さずに教えてもらおう」と思い、目を見張ることらしいのです。「たくさんのものを見て、よりよい教材を見つけ、自分の中に取り入れていこう」と思っていると、目が大きくなるらしいのです。そして、取り入れ、実践した結果として、業績が上がることがあるようなのです。

「自分の顔」は、親の遺伝子だけで決まるのではないと思います。自分の顔は、かなりの部分をつくり変えることができるようです。**「人から学ぼう」「人の話をおもしろがろう」という気持ちを持っていれば、福耳になり、目も大きくなって、うまくいくらしいのです。**

004

「無料でいいです」というのは「傲慢《ごうまん》」、お金を受け取ってあげるのが「謙虚」

「あなたの『書』を1000円で売ってください」と言われたときに、

「あなたにはお世話になっているので、お金は取れません。無料で差し上げます」

と言ってはいけません。

なぜかというと、無料で差し上げた場合、無料でいただいた人は、「二度と買いたいと言えなくなってしまう」からです。じつは「相手の言い値で売ってあげる」のが「謙虚」なのです。

相手が「1万円で買いたい」と言ってきたときに「そんなつもりで書いたわけではないので、タダで持っていってください」と言ってしまうことを、

「驕《おご》り」「高ぶり」「うぬぼれ」「傲慢《ごうまん》」

といいます。

「無料でいい」ということは、せっかく自分の書を気に入ってくれて「買いたい」と言ってくれた人に、

「もう二度と買いにこないで」

と言っているのと同じです。有料であれば、何度でも書を書いてもらうことができます。けれど、「無料でいいです」と言われてしまうと、次回、相手が頼みにくくなってしまいます。

無料にされてしまうと「あれも書いて、これも書いて」と頼めなくなります。ということは、お客様をひとり失うことになるのです。それに、ずっと「無料」では、自分自身も、その仕事を続けていくことができなくなってしまいます。

大切なことなので、もう一度言います。

「頼まれごと」でお金を払うと言っている人に、「私はお金を受け取れません」と断ることを、「驕り」「高ぶり」「うぬぼれ」「傲慢」といいます。「お金を受け取れない」なんて、自分で決めてはいけないのです。

ですから、相手が「有料で買いたい」と申し出てきたら、「無料でいいです」とは言わずに、お金を受け取る、これを「謙虚」といいます。

そのように「宇宙の流れ」に乗っていると、いつの間にか「頼まれごと」が増えていくことに気づきます。だから、「努力」も「頑張り」もいらないのです。

人が喜んでくれるのなら、人に頼まれたのなら、「はい、わかりました」と言って、やり続けていく。いくらでも「頼まれごとで、喜ばれること」をやり続けて、疲れ果てて死んでいく。

それでいいのです。

005

「働く」とは、まわりの人（はた）をラクにすること

「働く」という言葉の反対語は、私の考えたところによると「はた迷惑」です。「はた」というのは、まわり、「自分の周辺にいる人」のことです。その人に迷惑をかけることを「はた迷惑」といいます。

その反対に、まわりの人（はた）をラクにすることを「はた」「らく」（＝働く）といいます。

「働く」を英語で表現すると「Work」ですが、「Work」には、「まわりの人をラクにする」という概念はないようです。

汗を流すこと、努力すること、勉強をしたりすることも「Work」に含まれますが、日本語では「部屋の中で勉強すること」を「働く」とは表現しないでしょう。

「働く」とは、常に喜ばれる存在でいることであり、「自分以外の人に対して、喜びを与える」ことを「働く」と称します。

「働く」には、「まわりの人をラクにする」「喜ばれることをする」という概念がありますが、「Work」にはありません。日本語のほうが、人間の生き方の根源を物語っているような気がします。

「Work」の反対語は「Play」です。「Play」は、テニスをしたり、ゴルフをしたり、スキューバダイビングをするなど、道具を使って積極的に楽しむことです。

「Play」を日本語で言い換えると「遊ぶ」ですが、日本語の「遊ぶ」には、「何もしない」という意味もあります。

「今、不況なので、会社の機械が遊んでいる」「車のブレーキを踏むと遊びが2㎝ほどある」といったように、何もしないことや何もしない部分のことを「遊び」と言うことがあります。

私たちは、働くことで報酬を得ますが、本来、「働く」という言葉には「お金を得る」「報酬を得る」という意味はないようです。

同じように「仕事」という言葉にも、「お金を得る」「報酬を得る」という意味はありません。

「仕事」は「事（こと）にお仕えする」と書きます。つまり、「喜ばれる存在になることに、わが身をお仕えすること」です。

今までの私たちは、「人の上に立ちなさい」「抜きん出なさい」「人よりもたくさんの給料をもらいなさい」という概念を埋め込まれてきました。

しかし、人間の仕事の本質は、「お金を稼ぐこと」ではなくて、「自分がいかに喜ばれる存在になるか」「たくさん頼まれごとが来る人になるか」ということのようです。

「どうやったら儲かるか」を考えるのではなく、「どうしたら喜んでもらえるか」「どうしたらお客様に『嬉しい、楽しい、幸せ』と言ってもらえるか」だけを考える。

あなたが「頼まれごとをする人（＝喜ばれる存在）」であり続ける限り、商売は栄えていくらしいのです。

006

「貧乏神」を一瞬で「福の神」に変える方法がある

みなさんは「貧乏神」と聞くと、「貧相で、貧しそうで、弱々しい神様」を連想するかもしれませんが、先日、ある方の相談に乗っているときに、貧乏神の正体がわかった気がしました。

その人は、「自分の給料が少ないにもかかわらず、気に入ったものがあると、つい買ってしまう。その結果、借金を抱えて困っている」ということでした。

私は、その人の顔を見たとき、「貧乏神がついているのではないか」と思えたのです。

貧乏神とは、どうも「貧乏をしているから、お金を使わない神様」ではないようです。そうではなくて、貧乏神は、「お金を使いたい神様」らしい。「お金を使うのが好きな神様」が「貧乏神」のようです。そして、「貧乏神」と「福の神」は、どうも同じ神様らしいのです。

つまり、「自分のためにお金を使うことが好きな人」に「お金を使うことが好きな神様」がつき、結果的にその神様のことを「貧乏神」と呼ぶらしいのです。

一方、自分のためにはお金を使わないで、「人のためにお金を使うことが好きな人」

についている神様を、結果的に「福の神」と呼ぶようです。

「自分のためだけ」にお金を使う人には貧乏神が、「人のためだけ」にお金を使う人には福の神がついていて、どうも「貧乏神」も「福の神」も、本来は同じ神様らしい。どちらも同じ神様で、お金の使い方の結果として貧乏神、福の神になっているようです。

その人がお金をどう使うかによって決まるのなら、今、貧乏神がついている人も、1秒後にはその神様を福の神にできることになるし、反対に、今、ついている福の神を貧乏神にすることもできるでしょう。お金の使い方をパッと変えるだけで、福の神にも貧乏神にも、瞬時にして変化するみたいです。

「じゃあ、半分は自分のために使って、半分は人のために使う人には、どんな神様がついているのですか?」という質問をいただきましたが、貧乏神でも福の神でもなく、「金遣いの荒い神」がついているようです。

私の考える貧乏神は、ビジュアル的にいうと、貧相とは正反対で、ミンクのコートを羽織って、10本の指にダイヤモンドの指輪をつけて、とてもゴージャスで、とてもきらびやかです。

一方、福の神は、自分のためにお金を使う思想がないので、とてもシンプルな身だしなみをしています。

このことがわかると、神様はどういう人に対してお金を与えてくださるか、わかってくると思います。

「200万円ほしい」「300万円ほしい」と願ってもいいのですが、そのお金を「自分のためだけに使う」のではなくて、「みんなに喜ばれるような使い方をしたい」と願っていると、どうも神様が聞いてくださるみたいです。

たとえば、目の前に陶芸家がいて、「まったく作品が売れない」とき、手元にまとまったお金があるのなら、「この人の作品を買って、支援してあげたい」と思って買わせていただく。宇宙は、そういう気持ちに応えてくださるようなのです。

そのようなお金の使い方をしていると、宇宙や、その人を好ましく思う人たちが「この人には裕福になってほしい」「この人には幸せになってほしい」と応援してくれるようになっていくらしいのです。そして、またお金が回ってきて、結果的にみんなが潤うようです。

007

人間関係も仕事も、「お陰《かげ》様《さま》＝謙虚さ」こそが大切

徳川家康《とくがわいえやす》は「水はよく舟を浮かべ、水はよくまた舟を覆《くつがえ》す」という言葉を「座右《ざゆう》の銘《めい》」にしたと言われています。

「水は上手に舟を浮かべるけれど、その気になったらいつでも舟を転覆させることができる」という意味です。

徳川家康は、「家臣たちの上に、自分が乗っている」ことを強く認識していたため、決して威張らない殿様でした。家臣を大事に扱い、犬死にさせるようなことはしなかったようです。

家康は、8歳のときから12年間、今川義元《いまがわよしもと》の人質になっていました。今川義元にいつ殺されるかわからない状態の中で、まわりの人に好かれるような、媚びない、威張らない、偉そうにしない人格を磨いたのでしょう。

家康は、豊臣《とよとみ》（羽柴《はしば》）秀吉《ひでよし》軍に対してさえ、戦をして勝っています。ですが、生涯で一度だけ、大敗を喫《きっ》したことがありました。武田信玄《たけだしんげん》に負けたのです。

私は、個人的に、武田信玄に天下を取らせてみたかった、という思いがあります。武田信玄は、決して家臣を見殺しにしない武将だったからです。

信玄は、「信玄の隠し湯」と呼ばれる温泉をたくさん持っていて、戦で傷ついた家臣をゆっくり療養させていたそうです。家臣を使い捨てにしなかった信玄が天下を取ったら、おもしろかったのではないかと思います。

信玄が病死したあと、息子の武田勝頼《たけだかつより》は、織田・徳川連合軍に大敗し、武田家は滅亡。このとき家康は、武田家の遺臣《いしん》たちの、多くを引き取ったそうです。

なぜかというと、「信玄がどうやって人を使っていたのか」「家臣とどのように接していたのか」「部隊の司令官とどのようなコミュニケーションを取っていたのか」を聞くためだったといいます。

家康が天下を取ったのは、敵方の家臣を引き取って、「自分の味方にした」ことも一因だと思います。

「水はよく舟を浮かべ、水はよくまた舟を覆す」

ようするに、家康は、「自分ひとりで政治を行っているのではないし、殿様として君臨しているのでもない」と思っていたようです。水（＝家臣）が自分のことを転覆させようと思えば、簡単に転覆させることができることを家康は知っていました。だから、家臣を大切にしたのでしょう。

「自分の力で商売をやっている」「この会社は、自分の力で成り立っている」と思っている人は、どこかでひっくり返されてしまうのではないでしょうか。

人間関係も、会社経営も、「自分の力」で成し遂げているのではなく、「お陰《かげ》様《さま》」でできていることがわかると、商売のコツが見えてくる気がします。神様は、驕《おご》り、高ぶり、うぬぼれ、傲慢《ごうまん》さが嫌いで、「謙虚さ」という概念が大好きなようです。

自分がどれほどいい商品をつくっても、買ってくださる人がいなければ売れません。商売も、仕事も、人の生き方も、大切なのは謙虚さを持つこと。自分がすごい人だと思わないこと、特別だと考えないこと、選ばれた人だと誤解しないこと……。

どうも私たちは、自分ひとりの力で生きているのではないようです。

008

「いかに喜ばれるか」を考えれば、まわりの人々、全員がうまくいく

商売で大切なのは、「ひとり勝ち」の発想だと思います。「勝ち」といっても、「誰かと競って勝つ」ということではなくて、その仕事をおもしろがって、喜んで、「楽してしかたがないからやっている」という「私」をつくり上げることです。

たとえば、ある人が旅館を経営していたとします。その宿がとてもはやっていたら、その宿に物品を納入する業者も潤います。自分の宿に人が来るようになったとき、自分のところにお金を貯め込むのではなくて、儲かったお金を「まわりの人にも還元していく」ような生き方が「ひとり勝ち」の思想です。

「景気が悪い」「不況だ」「社会全体が落ち込んでいる」と愚痴や泣き言を言う暇があったら、「いかに自分が喜ばれる存在になるか」を考えるほうがいいと思います。

「どうしたら売上が上がるか」「どうしたらお客様の数が増えるか」を考えるのはやめて、「どうしたら喜んでもらえるか」、それだけを考えるのです。

「地域全体がどうなるか」という話ではありません。大切なのは、「『私』がどれだけ喜んでもらえるか」です。ひとり勝ちしている自分ではないのに、まわりを活性化しようと思うのは、ちょっと無理な気がします。

それぞれが自分勝手に、自分で「ひとり勝ち」をはじめたら、その地域はあっという間に活性化することでしょう。

「『私』が喜ばれるには、どうしたらいいか」を考えていくと、どんな商売でも、世の中が不景気であっても、関係ないようです。地域経済の地盤沈下も関係ありません。すべて「私」の問題です。


ある喫茶店の経営者が、講演会のあとに私のところへ来て、このように言いました。

「小林さんの言うように、喜ばれるようにやってきたのですが、それでも売上が上がりません。どうしてでしょうか」

私の答えは、とても簡単です。

「それは、喜ばれていないのでしょう」

「喜ばれている」と本人が勘違いしているだけであり、本当に喜ばれていたら、売上はついてくるはずなのです。

多くの人が「世の中は不況だ」と騒ぎ、1000兆円以上のお金が日本に預貯金されたまま、動かなくなっています。どうして動かないのでしょうか？

楽しくないからでしょう。お金を使いたくなるような楽しさがないからです。

あるとき、「年商10億円」の会社経営者から、次のような相談を受けました。

「『この先、日本の経済は今よりも悪くなる』と予想する経済学者がいます。日本の経済は、本当に悪くなるのでしょうか？　小林さんはどう思いますか？」

私は、こう答えました。

「世の中の不況も、この先の景気も、あなたには関係がありません。ただ、『ひとり勝ち』をすればいいだけです。日本の景気がいいか、悪いか、ということに関心を持つ必要はないと思います」

仕事も、商売も、「私」が喜ばれるように組み立てていけば、世の中の景気がどうなろうと、「楽しい」だけだと思います。

どうやら「世の中がどうなっても『私』が喜ばれるようになればいい」と思ったほうが、商売はうまくいくらしいのです。

009

「どうしたら喜んでもらえるか」を考えると商売はうまくいく

私は、いちばん多いときで、年間に330回ほどの講演会と、トラベルライター（旅行作家）の仕事をしていましたが、もし体がたくさんあったとしたら、自分の分身にやらせたいことが「3つ」あります。

ひとつ目は、喫茶店の経営。

2つ目は、クリーニング店の経営。

3つ目は、ホテルの経営。

まず、ひとつ目の「喫茶店」についてです。日本には、環境省が定めた「名水百選」があります。この100名水をすべて飲んだ人は少ないと思います。30年間、トラベルライターをしている私でも、まだ半分くらいしか飲めていません。

私が喫茶店をはじめるのであれば、半年くらいかけて100名水の源泉を訪ね歩き、源泉からいちばん近い農家を探します。そして、「電話1本かければ、ポリタンクで水を送ってもらえる」ようにお願いをしておきます。

それから喫茶店をオープンするのです。「今週は、白山《はくさん》の名水でコーヒーを淹《い》れます」「翌週は羊蹄山《ようていざん》のふもとの名水でコーヒーを淹れます」「次の週は青森のブナ林の湧《わ》き水でコーヒーを淹れます」……といったように続けていけば、2年で100名水のすべてを飲むことができます。このような喫茶店がわが家の近くにできたら、悔しいけれど、私は100週、通い続けてしまうことでしょう。

クリーニング店の経営をはじめるときは、事前に「1万種類、10万点」のボタンを買って、「ボタンの部屋」をつくっておくようにします。

そして、ボタンの取れているワイシャツやブラウスを預かったら、「1万種類、10万点」の中から同じボタンを見つけて、黙って付けておくのです。

お客様が不思議な顔をして、「おたくにクリーニングを頼むと、ボタンが付いて戻ってくることがある」と声をかけてきたら、私は、フッフッと笑いながら、「ボタンの部屋」に案内します。その人が、「ワーッ」と驚く顔を見てみたいからです。

「あのクリーニング店にお願いすると、ボタンが取れていても、新しいボタンを付けてくれる」という評判が広がれば、頼まれる洋服の数が増えるかもしれません。

ホテルを経営するなら、10室くらいしかない小さなホテルを経営したいと思います。そして部屋に名前をつけていきます。「西遊記《さいゆうき》」になぞらえて、ひとつ目の部屋を「長《ちょう》安《あん》」、2つ目の部屋を「蘭州《らんしゅう》」、3つ目の部屋を「敦煌《とんこう》」、4つ目の部屋を「トルファン」……、「バーミヤン」「ガンダーラ」と名付け、10室目を「天竺《てんじく》」にします。

はじめてこのホテルに宿泊した人は、「長安」に泊まっていただきます。2回目に来た人は「蘭州」に泊まっていただきます。3回目のお客様は、「敦煌」に泊まれます。こうしたホテルがあったら、「旅心」が刺激されるのではないでしょうか。私なら、どうしても「天竺」まで行ってみたいと思います。

さらに、「敦煌」という名前の部屋には、「石窟《せっくつ》があって、壁に開けられた穴を覗くと仏像が彫られている」とか、「タクラマカン砂漠」という部屋をつくっておいて、部屋に入ると砂が敷き詰めてある、といった趣向を凝らすとおもしろいと思います。

喫茶店も、クリーニング店も、ホテルも、私が考えているのは「どうやったら売上が上がるか」ではありません。**「どうしたら喜んでもらえるか」を考えると、結果的に商売はうまくいくらしい。**どうも、宇宙の構造はそうなっているようです。

第2章

Magic of the Word “Arigato”

ぜんぶを受け入れる

010

「悩み・苦しみ」という泥水が濃いほど、「幸せ」という大輪の花が咲く

お釈迦《しゃか》様の台座は、「蓮《はす》の花」です。

なぜ、蓮の花が選ばれたのでしょうか？

蓮の花は、「泥水」の中からしか、立ち上がってこないといわれています。真水の場合、蓮は立ち上がってきません。

しかも、泥水が濃ければ濃いほど（水が汚れているほど）、蓮の花は、大輪の花を咲かせるらしいのです。

泥とは、人生になぞらえれば、「つらいこと」「悲しいこと」「大変なこと」です。

蓮の花とは、まさに「人生の苦難の中で、花を咲かせること」です。そして、その花の中の実が「悟《さと》り」ということにほかならないでしょう。

「つらく悲しい思いがなければ、人間は悟ることがないのだ」ということを、お釈迦様は教えたかったようです。

蓮の花には、「3つの特徴」があります。

【1】「花果同時《かかどうじ》」

花と果実が同時に開く（実る）ことです。花が開いたときに、中にはすでに果実が存在しています

【2】「汚泥不染《おでいふせん》」

蓮の花は、どんなに汚い泥の中から立ち上がってきても、その汚れに影響を受けず、とてもきれいに咲いていています

【3】「蓮にあだ花なし」

「あだ花」とは咲きそこなったり、きれいに開かなかった花のことをいいますが、蓮の花には、あだ花がないそうです

泥水から立ち上がってきた蓮の花は、きれいに咲く。泥の中から立ち上がってきたことを感じさせないほど、美しく咲いています。

つまり、どんな悩み・苦しみ・大変なことの中から立ち上がってきても、そこで泥を突き抜けて花を咲かせた人は、美しいもの（悟り）を手に入れる、ということです。

お釈迦様は、蓮の花のありようについて、ひとつの「経文《きょうもん》」を残しました。それが「法華経《ほけきょう》」というものです。

お釈迦様にとって、蓮の花のありようは「人間のありよう」を教えるものであったのでしょう。

「美しい花を咲かせるためには、泥が必要である」

「悲しみ、つらさ、大変なことがない限り、美しい花を咲かすことができない」

ということを、お釈迦様は、後世の人に伝えたかったようです。

「私たちには泥水が必要である」そう思うことができれば、「不幸」や「悲劇」と言われていることは、じつは自分にとって、ものすごく嬉しく、楽しく、幸せで、素晴らしいことだということに、気づけるのではないでしょうか。

011

「不運」がひとつあるからこそ、他の運が守られている

昔読んだ本の中に、こんなことが書いてありました。うろ覚えなのですが、次のような内容だったと記憶しています。

「私たちには、『12の宮』があって、その宮には、必ずひとつ黒い丸がある」というものです。この話を思い出した私は、「12の宮」をつくってみました（本の著者が考えたものではなく、私が独自に考えたものです）。

「12の宮」を大きく2つに分けます。「家族・家系にかかわる6つの宮（1番目から6番目）」と「自分にかかわる6つの宮（7番目から12番目）」です。

「家族・家系にかかわる6つの宮」の1番目は「家系運」、2番目は「親運」、3番目は「子ども運」、4番目は「兄弟運」、5番目は「親戚運」、6番目は「配偶者運（結婚運）」です。

7番目から12番目までが「自分にかかわる6つの宮」です。7番目は「金銭運」、8番目は「財産運」です。「金銭運」は、「出入りするお金の運」ですが、「財産運」は、お金が自分にとって将来を安定させる財産になるかどうかであり、「金銭運」とは微妙に異なります。
9番目は「仕事運」、10番目は「健康運」、11番目は「友人運」、12番目は「異性運」です。

この「12の宮」には、必ず黒い丸（＝キズ）がひとつあります。本の著者によれば、この黒い丸はグルグル回っていて、「12の宮」の中の「順調ではない宮」「うまくいっていない宮」にあらわれるそうです。たとえば、「仕事運」や「金銭運」は順調だけれど、「健康が思わしくない」のであれば、黒い丸は「健康運」にあらわれます。
そして、健康が改善されて悩みがなくなると、他の「宮」に移動する。黒い丸が「12の宮」を回っている以上、「人間は必ずどこかで悩み苦しんでいる」というのがこの著者の考え方でした。

「どこかに必ずキズがある」「どこかに必ず黒い丸がある」という考え方は、見方を変

えると、「そのひとつの黒い丸によって、他の11の宮が守られている」と考えることができるのではないでしょうか。「この黒い丸のおかげで、他の宮（運）が守られている」と思うことができれば、「黒い丸」に心の底から手を合わせることができそうです。

それだけではありません。この黒い丸に対して、「ありがとうございます。黒い丸があるおかげで、あとの11の宮が守られています」と感謝すると、黒い丸が消えてしまうことがあるらしいのです。

世の中には、「運」というものが「幸・不幸」という形で存在しているわけではありません。実際には、幸という現象も、不幸という現象も存在していません。

ですが、便宜的に、「不運がひとつあることによって、他の11の宮では不運がない」「ひとつの黒い丸が、残りの宮を守ってくれている」と解釈することで、気持ちがラクになったり、問題が解決することがあるようです。

012

1日中、汗をかいて仕事をすれば、「冷たい水の一杯」でも幸せとなる

世の中の「モノ」には、名前があります。

「茶碗」を見たとき、100人が100人とも、「これは茶碗である」ことがわかります。「お箸《はし》」を見たとき、100人が100人とも「これはお箸である」ことがわかります。「お皿」を見たとき、100人が100人とも「これはお皿である」ことがわかります。

では、100人が100人とも、「これは幸せである」と呼べるものは、はたして存在するのでしょうか?

Aさんにとっては「幸せ」な出来事でも、BさんやCさんにとっては、「幸せではない」かもしれません。**「『幸せ』という名の絶対的な名称を持つ現象は、地球上に存在しない」というのが、40年間、研究してきた私なりの結論です。**

では、「幸せ」という名の現象が地球上には存在していないにもかかわらず、どうして、「幸せ」という言葉が存在しているのでしょうか。

それは、「幸せ」という現象が存在しているからです。

「ちょっと待ってください。『幸せという名の現象は存在しない』と言ったばかりではありませんか？」というご指摘がありそうなので、もう一度、言います。

「幸せ」という名の絶対的な現象は、地球上に存在しない。しかし、「幸せ」という名の現象が存在するときがあります。どういうことかというと、「私」が「幸せ」だと感じた瞬間に、「幸せ」という現象があらわれるのです。「私」が「幸せ」だと決めたとき、それが、その人にとっての「幸せ」になります。

つまり、「幸せ」という現象は、個人にのみ帰属するものであって、他人が口をはさんだり、意見を言うべきものではないということです。「幸せ」は、「幸せを感じた人にのみ存在する」という構造になっているようです。

Aさんが「幸せ」を感じたとき、Bさんが「幸せ」を感じたとき、間違いなく「幸せ」は存在します。「幸せ」は、その人にとってのみ存在するのであって、「すべての人に共通する幸せは存在しない」ということが、宇宙構造のもっとも重要な部分らしいのです。

たとえば、1日中汗をかいて仕事をした人が、冷たい水をひと口飲んで「あー、幸

せ」と思ったとき、その人にとってのみ、「幸せ」が帰属します。

のどが渇いていない人にとっては、「幸せ」ではありません。1日中汗をかいて仕事をしていたからこそ、冷たい水のひと口に「幸せ」を感じたのです。

「幸せ」を感じようと思えば、100や200の幸せが、身のまわりにあることに気づきます。

目が見えること、耳が聞こえること、呼吸ができること、自分の足で歩けること、家族がいること……など、「私」が「幸せ」だと思えば、すべてが「幸せ」になるはずなのです。

目の前の現象について、「私」が何も感じなければ、ただ通り過ぎるだけの現象にすぎません。ところが、私がその現象を「幸せだ」と感じたら、その瞬間に幸せになるのです。

「幸せ」が見つからないと言っている人は、「幸せ」を感じる心を動かしていないだけかもしれません。

013

「何が正しいのか」よりも、「何が楽しいのか」を追求する生き方を選ぶ

私たちは、「こうでなければならない」とか、「こうあるべきだ」という価値観に、がんじがらめになっている気がします。

ですが、その価値観はいったい誰が決めたのでしょうか？　それが正しいと誰が決めたのでしょうか？

講演会の参加者から、「私たちはこうあるべきですよね」といった質問をいただくことがあります。**そんなとき私は、「誰がそれを決めたのですか？」と逆に質問をすることがあります。**

「べきだ」「ねばならない」という考えにとらわれるのをやめ、「何が正しいのか」という考え方からもなるべく離れるようにして、「何が自分にとって楽しいのか」を考えてみたらどうでしょうか？

今まで私たちは、「夢や、希望を追い求めるのが、人生である」と教え込まれてきました。

しかし、「夢や希望がたくさんある」ということは、言葉を換えると、足りないものがたくさんあり、「あれも欲しい、これも欲しい」「あれも足りない、これも足りない」と言っているのと同じだと思えるのです。

自分の目的や生きる方向を明確にすることをやめて、「自分がそのように動く羽目になったら、そのようにする。やる羽目になったら、それをやる」といった自由な立場で生きていくのはどうでしょうか。

水には、形がありません。水は、私たちに「人間の自由のありよう」を教えてくれているような気がします。

水は、変幻自在です。四角い器に入ると四角い形になり、丸い器に入れば丸くなります。川に流れた水は川の形になり、湖に流入すれば湖の形になります。

ゆっくり流れているときもあれば、激しく流れているときもあります。滝のように上から激しく落ちている場合もあります。

海に至れば、風のない日はおだやかでゆっくりしていますが、ひとたび荒れ狂えば、岸を壊すこともあります。

水には形がなく、自分が置かれた状況に合わせて変化をします。液体から、気体や固体に変化することもあります。温度が高まればやがて気体になり、温度が下がっていくと動きにくくなって、やがて「氷（固体）」になります。水は、手に取ることができる「氷」から、目に見えない水蒸気にまで姿を変えるのです。

水は、自分が与えられたものに対して、「ただ相手が望むように」自分の形を変えます。けれど、それについて、「不平不満・愚痴・泣き言・悪口・文句」を言うことはいっさいありません。それどころか、私には、変化を楽しんでいるようにすら見えます。

「何が正しいのか」「何が間違っているのか」を突き詰めるのではなく、「自分にとって、どういう生き方が楽しいのか」を考えていくのが、もっともラクな生き方ではないでしょうか。正しい生き方を貫こうとするあまり、自分のまわりとトラブルを起こしたり、争ったり、競ったり、怒ったり、憎しみを感じたりするよりも、本当に笑顔で生きていくことを模索する……、そのための方法はひとつしかないように思います。

「正しさ」を追い求めようとせず、「楽しさ」を追い求めることではないでしょうか？

「正しい生き方」からもう一歩進んで、新しい生き方、つまり「楽しい生き方」へ足を踏み出してはいかがでしょうか？

014

「不幸」と「幸せ」はワンセット。「不幸」は「幸せ」の前半分

「幸と不幸の構造」について考えているうちに、ひとつ、思い至ったことがあります。それは、「幸と不幸は『たまご構造』である。それも、ゆでたまごではなく『生たまご』なのではないか」ということです。

たとえば、「おいしい」という概念の前段階として、「空腹だ」という概念が存在しています。

「空腹」という現象がなければ、「おいしい」という現象も存在しません。同様に「のどが渇いた」という現象がなければ、「のどの渇きが潤せて、嬉しい」という現象も存在しません。

しかも、空腹であればあるほど、おいしさは増していきます。逆に、空腹の程度が小さければ、おいしさの程度も小さくなります。空腹の量とおいしさの量は、明らかに連動しています。

「おいしい」という幸せを味わうためには、どうやら「空腹」という現象（一般的に不幸と考えられている現象）を味わわなければならない、というのが宇宙の構造のよ

うなのです。

さらに私は、「空腹」という現象と、「おいしい」という現象は、個々に独立しているわけではない、と考えるようになりました。

「1＋1＝2」という形で存在しているのではなく、半分と半分、「2分の1＋2分の1＝1」として存在しているように思えるのです。

「空腹」と「おいしい」はワンセットであり、足してひとつになる。つまり、「空腹」という一般的な不幸は、「おいしい」という幸せの「前半分の現象」だとも考えられるのです。

「一般的な不幸というものは、幸せの前半分である」という構造は、じつによく「生たまご」（鶏卵）の構造に似ていると思います。

- 空腹＝たまごの白身
- おいしさ＝たまごの黄身

生たまごは、割って器に入れると、白身と黄身が分離しています。しかし、シャカシャカとかき混ぜるとまったく境界線がなくなり、見事に溶け合います。

そして、一度かき混ぜると、それを白身と黄身に分けることはできません。なぜなら、白身も黄身も、本質は同じものだからでしょう。本質は同じだからこそ、完全に混ざり合ってしまうというわけです。

幸も不幸も、宇宙現象としては存在していないようです。事実や現象はひとつ。ただ、それを受け止める側の「心」が、その現象の価値を決めています。

「とらえ方の違い」で、目の前の現象は、「幸」にも「不幸」にもなります。赤いメガネをかければ赤く見えて、青いメガネをかければ、青く見える。

今まで「不幸」と思っていたことを「幸せの前半分かもしれない」ととらえてみると、世の中が違って見えてくるのかもしれません。

015

今日の「私の判断」は、
人生で最高峰、最ベテラン、最年長。
だから、後悔しなくていい

ある男性から、次のような質問をいただいたことがあります。

「正観さんのお話をうかがったあと、しばらくの間は持続できるのですが、日数が経つと、つい未熟な行動を取って、後悔します。いい状態を続けるには、どうしたらいいでしょうか。すぐに後悔してしまう自分を何とかしたいです」

結論から言うと、後悔するのは無意味だと思います。

神社になぜ石段があるのか、ご存じでしょうか？　石段が「人生」をあらわしているからだそうです。

石段を上ることは、人生です。上りつめて、神様に近づいていきます。でも「まだ未熟ですよ、神様はずっと上にいますよ」ということを示すために、そして、上ってきた「私」の人生を振り返るために、石段があるようです。

神社の石段にならって、「私の人格」について説明します。

たとえば、今日、私が立っている石段から、「3カ月前の私」を見たとき（人生という石段を振り返ったとき）は、かつての自分が未熟に見えるはずです。未熟に見えるのは、「あれから3カ月経って、その分だけ自分は成長している」からです。

3カ月前の時点では、そのときの「私」は、「自分の人生の中でもっとも高い石段に立っていたはず」です。

ということは、3カ月前の自分が下した判断は、その時点では、「最高の判断だった」と言えるのではないでしょうか。

3カ月前に、誰かに何かを言って、相手を傷つけてしまったとします。今の自分は、「あんなことを言わなければよかった」と後悔しているかもしれません。でもそれは、「今の私」だからそう思えるのであって、3カ月前にその言葉を発したときは、まだ後悔していなかったはずなのです。

なぜなら、それまでの人生において、「もっとも高い石段」に立っていたのですから、「その判断も、その日の行動も、すべて正しかった」と思ったはずなのです。今、「3カ月前の自分は未熟だった」と思うのは、当たり前のことです。なぜなら、今の自分は、当時の自分よりも、「3カ月分、石段を上っている（成長している）」のですから。

3カ月前に、どんな事件や出来事があったとしても、「私が最高峰にいたときに下した判断」なのですから、後悔しても無意味だと、私は思います。

今日の私は、未来から見たら、もっとも若い。過去から見れば（今日を過去の一部として考えたとき）、いちばん高いところにいるベテランです。**「今日、私が下した判断」は、人生の中で最高峰、最ベテラン、最年長の判断です。**そう考えたら、後悔する必要はないのではないでしょうか。

「未熟なことをしてしまった」とクヨクヨするのはかまいませんが、クヨクヨするエネルギーを「もっと高く石段を上ること」に費やしてみたらどうでしょう。過去を振り返るエネルギーがあるのなら、未来に向けて自分を向上させるために、一段でも高く石段を上ったほうがいいと思います。

「あのとき、あんなことをしてしまった」と思ったとしても、それを受け入れ、肯定して、「しょうがないよね」と言いながら、自分自身とつき合っていけばいいのだと思います。未熟な私を受け入れること。「ああ、あのときは未熟だったな。不十分だったな」と受け入れるだけでいい。

いつまでも過去にとらわれ、後悔や反省をする必要はないのだと思います。

016

幸せの本質とは、「足《た》る」を「知る」こと

人に「幸せ」を与えてくれるものは、次の「3つ」に分けられるようです。

ひとつ目は、「もの」です。

金銭的なものや物質的なもの（手に取れるもの、感触がたしかめられるもの、物体として存在するもの）のことです。

2つ目は、「環境」や「状況」です。

美しい海や山などの風景を見て心地よさを覚えたり、「家族や子どもと一緒にいると楽しい」「この人と一緒にいると幸せだ」と感じることです。「係長になる」「教授になる」など、地位が上がることも「環境」や「状況」に含まれます。

そして、3つ目は、「心」です。

「心」とは、「幸せと思う心」のことです。

ひとつ目の、ものや金銭が与えてくれる「幸せ」を考えてみます。仮に「100万円の貯金があれば『幸せ』だ」と思っている人がいたとします。実際に100万円を貯めてみたのですが、その人は「幸せ」を感じることができませんでした。なぜなら、隣の人が200万円貯めていて、別の人は1000万円貯めていたからです。

物質的、金銭的な欲望は、際限のないものです。自分自身が「足ることを知る心」、つまり、「これだけあれば満足だ」「これで十分に幸せだ」と思う「心」がなければ、「幸せ」になるどころか、「不幸」、あるいは「苦しみ」になることがあります。

次に、2つ目の「環境」や「状況」について考えてみます。山や海を見て「美しい」と思うのは、そう思う「心」があるからです。家族や友人と過ごす時間を楽しいと思うのは、「楽しい」と感じる「心」があるからです。

「幸せ」とは、外的なもので決まるのではなく、「心」の問題として決まります。「もの」も、「金銭」も、「状況」も、「環境」もすべて、「心」がないかぎり、幸せを感じることはできないようです。

逆に、「もの」や「金銭」がなくても、あるいは、「状況」や「環境」が他人から見てひどいものであったとしても、「幸せと思う心」があれば（幸せだと思っていれば）、その人は「幸せ」になることができるのです。

京都の龍安寺《りょうあんじ》というお寺に、水戸光圀公《みとみつくに》が寄贈したつくばい（茶室に入る前に手と口を清めるために使う手水鉢《ちょうずばち》）があります。このつくばいは、「知足《ちそく》のつくばい」と呼ばれています。知足とは「足《た》るを知る」という意味で、人間の欲を戒める言葉として、「禅《ぜん》」の悟《さと》りのひとつとされています。

このつくばいは、四方に文字が書かれており、「吾唯足知（われ・ただ・たるを・しる）」と読むことができます。

「幸せの本質とは、『足る』を『知る』ことにあり、その1点を知っているだけで、心豊かで幸せになれる」ということのようです。

人間が心穏やかに、楽しく幸せに生きるためには、次から次へと求めずに、「足るを知る心」が必要です。

「自分がどれだけ恵まれているのか」を知ることができたとき、本当の心の幸せが得られるのではないかと思います。

017

幸せになる人は、大きな数字を達成したその先に、「別の価値観」を見い出した人

たとえば、試験の点数、営業成績、売上などについて、「数字」を追いかけていくとします。

その結果、50が100になれば200を望み、200が300になれば400を望み、400が500になれば600を望み……と、私たちは際限なく、「上の数字」を追い求めようとします。

私たちは、限りある数字を追いかけることはできますが、400が500になり、500が600になり、600が700になっても、決して「無限大」に到達することはできません。

私たちの多くが、「『無限大』に到達すれば『幸せ』になれる」「より大きな数字を達成するほど、幸せも大きくなる」と信じ込まされて生きてきた気がします。

ですが、「より大きな数字を達成すれば、幸せになれる」のではないようです。

幸せになる人は、大きな数字を達成したから幸せになったのではなくて、大きな数字を達成したその先に、「何かまったく違う別の価値観」を見い出し、幸せを確認する

ことができたのではないでしょうか。

100を1000にして、1000を1万にして、1万を10万にして……と数字を大きくしても、幸せにはなれません。むしろ「逆の考え方」をしたほうが幸せになれるようです。

逆の考え方とは、「数字を大きくするのではなく、数字を減らしていって、『ゼロ』に戻す」という発想です。

つまり、「これをしなければならない」とか、「こういうものを達成したい」という数字を限りなく「ゼロ」に近づけていって、ついに「ゼロになってしまう」ことです。求めるもの、望むものが「ゼロ」になる方向に転じてみるのです。

これは、今までの学校教育や、3次元的な経済社会の中での方向性とは、正反対の考え方です。

もし、望むこと、欲すること、希望することが「ゼロ」になったならば、そのときに、はじめて「ゼロ＝無限大」になるようです。

なぜなら、「ゼロ」は、望むこと、欲すること、希望することがなくなった状態であり、それはすなわち、「すべてのものに対して、満足している」「すべてのものが手に入っている」「すべてのものが満たされている」ことにほかならないからです。

あれも欲しい、これも欲しいと追い求めているうちは、いつまでも満たされないため、幸せを感じにくいと思います。

望むこと、欲すること、希望することがなくなってしまうこと。**この「ゼロ」の状態こそが、「ありとあらゆる幸せを手に入れた状態」「ありとあらゆる現象に幸せを感じられる状態」なのではないでしょうか。**「何も求めない状態＝無限大」にほかならないと思うのです。

何か素晴らしいものが手に入らなくても、何か素晴らしい出来事が起きなくても、「私」が目の前の現象を「幸せ」だと感じ取ることができれば、そこには「幸せ」が存在していると思うのです。

018

人の意見に「依存」しないで、最終的には「自分で判断」する

向上心を持ってセミナーや講演会に参加したり、人の話を聞いたり、本を読んで勉強している人は、少なくないと思います。

そして、「この人の考え方は自分に合う」「この人に共鳴できる」と思える人に出会えることがあります。その人の価値観や考え方を自分の中に取り入れることは、とてもよいことかもしれません。

しかし、一歩間違うと、その人に過度な「依存」をしてしまうことがあります。

中村《なかむら》天風《てんぷう》という思想家がいました。天風先生の教えを受けた人は、政財界など、日本の指導者層の多くに及んだと言われています。

何かの記事で読んだのですが、あるとき、天風先生が、ひとりの女性からこう言われたそうです。

「先生にお会いしてから、私は運が開けました。ありがとうございます」

このとき天風先生は、「自分に出会ったことで、運がよくなったと言われて悪い気はしない」と思いながらも、「けれど、そういう考えなら、『自分に会ったために運が悪くなった』と思う人もいるかもしれない。私は、『天風先生に会ったおかげで、自分でものを考え、判断できるようになりました』と言われるほうが嬉しい」と考えたそうです。

私もまったくその通りだと思います。

ある人の話を聞いて、「自分の感性にピッタリくる。だから、この人にいろいろなことを相談しよう」と思ってもいいと思います。

ですが、何から何まで、すべて相談して決めようというのは、少し違う気がします。

本来は、その相手（自分の感性に合う人）の考え方や哲学、主義、信条、思想の中から「自分が共鳴できるところ」を学び、自分の考え方をつくり上げ、自分ですべてのことを理解し、判断し、処理できるようになることが大切だと思います。

お釈迦《しゃか》様が「死の床」にあるとき、「十大弟子《じゅうだいでし》」のひとり、アーナンダは、涙をはらはらと流していました。お釈迦様は、涙を流すアーナンダに、こう言ったそうです。

「アーナンダよ、そなたは今まで私の下で、何年修行をしてきたのだ。私の肉体が存在するということに、依存してはならない。私が生きているということに、依存してはならない。

私が今まであなた方に説いた法（教え）を、闇の中の光として、生きていきなさい。私の肉体に依存するのではなく、私が教え説いた理法《りほう》を、糧として生きていきなさい」

アーナンダはその言葉を聞き、「お師匠様、私が未熟でございました」と言い、お釈迦様は「それで安心した」と、にっこり笑って亡くなっていったそうです。

いろいろな人の話を聞いたり、教えを受けたりするのはよいことだと思います。それによって自分が触発され、新しい気づきを得ることもあります。

しかし、本来自分が判断しなければならないことまでも、その人に依存し、結論を出してもらうというのは、アドバイスしている側の人間からしても、決して望ましいことではありません。

たくさんの人の意見を謙虚に聞くと同時に、最終的には、「自分で判断する」ことが必要だと思います。

019

誰もがうらやむ
「パラダイス」は永久に実現しない。
自分の心の中に、
幸せな「ユートピア」をつくる

「天国」の構造には、「パラダイス」と「ユートピア」という2つの考え方があると思います。

「パラダイス」とは、外から見て、その人が「天国にいること」が誰の目にも明らかな状態のことで、外的な条件をともなっていると仮定します。

一方、「ユートピア」というのは、外からは「天国にいること」がわからない状態のことのようです。なぜなら、本人が「天国にいる」と認識している「心の状態」のことだからです。

「自分の好きなようになる世界」「思い通りになる世界」「夢や希望が何でもかなう世界」が「パラダイス」だとするならば、「パラダイス状態」は、永久に実現することはないでしょう。

どうしてかというと、人間の欲求には際限がないからです。

たとえば、「ミス東京」にお酌をしてもらったとします。

ところが、「パラダイス」を目指している人には、「これでよし」という際限がありませんから、今度は「ミス日本」にお酌をしてほしいと思うでしょう。

そして、「ミス日本」を呼んでお酌をしてもらったのに、今度は「ミスアジア」を呼び、さらに「ミスインターナショナル」まで呼びつけ、お酌をしてもらおうとします。

あげく、「ミスインターナショナル」にさえ満足できず、「ミス太陽系を」「ミス銀河系を」と、欲求のおもむくまま、際限なく「ミス○○」に声をかけ続けるのだと思います。

これでは、いつまで経ってもキリがありません。

同じ天国でも「ユートピア」は違います。

「ユートピア」は「心の状態」を示しているので、外的な条件を必要としないようです。「ミス○○○」たちにお酌をしてもらわなくても、「今、自分は幸せだ」と感じるだけで、「ユートピア」にいられるらしい。

心の中に「幸せ」を感じるメカニズムを持つことによって、誰でも、すぐに「ユートピア状態」に入ることができるようです。

人間の欲望に限りがない以上、それらをすべて手に入れることなどできません。

であるならば、永久に実現することのない「パラダイス」を探すのではなく、心の中に「ユートピア」をつくってみてはいかがでしょうか。

第3章

Magic of the Word "Arigato"

「ありがとう」は魔法の言葉

020

「ニコッと笑って、『ありがとう』を言う」と、目の前のものや人に、奇跡が起こるらしい

マザー・テレサは、病人を介護する療養施設を運営していました。彼女が運営していた病院には、当時、電気の照明がなかったそうです。ボランティアに携わった人の話では、日の出とともに仕事がはじまり、日没とともに一段落するということでした。

あるとき、日本の福祉系大学の教授が、学生を20人ほど連れて、マザー・テレサの病院で介護ボランティアを体験させたそうです。教授自身は介護にはかかわらず、引率する立場でした。

帰国後に、教授が学生のレポートを整理していると、次のような内容のレポートがあったそうです。ある少年の介護を担当した女子学生が書いたものです。

「自分が担当した少年は、何をしてあげても、何を話しかけても、まったく反応がなかった。私は彼から『拒否』されているように感じて、無力感を覚えながら仕事をしていた。ところがあるとき、少年ははじめて『何か食べたい』と自分の意志を示した。

私が『おも湯』をスプーンですくい、彼の口に運ぶと、彼はニコッと笑い、『ありがとう』と言った。その瞬間、とても不思議なことが起きた。**照明のない暗い病室が急**

に明るくなったように感じた。あの明るさは、気のせいではないと思う」

このレポートを読んだ教授は、「彼女の気持ちが明るくなったことで、まわりが明るく見えたのだろう」と思い、それほど気に留めなかったそうです。

翌年、教授は別の学生を連れて、マザー・テレサの病院を訪れました。そして今度は、自分も介護を担当することになったそうです。

ある日の夕方、1日の介護が終わるころに、ひとりの老人が教授に向かって手招きしたそうです。老人は「何か食べたい」と言いました。教授が「おも湯」をつくって老人の口に運ぶと、老人は、ニコッと笑って、「ありがとう」と言ったそうです（おそらく、英語で「Thank you」と言ったのでしょう）。

するとその瞬間、照明のない部屋に光が広がり、部屋の隅々まで見渡せるように感じたというのです。教授は、女子学生のレポート内容が「気のせいではなかった」のではないかと感じたそうです。

相手がニコッと笑ったからなのか、「ありがとう」を言ったからなのか、どちらなのかはわかりません。**しかし、どうも、「ニコッと笑って、『ありがとう』を言う」と、光**

が発せられて、周囲が明るくなることがあるらしいのです。

私たちは、「明るい人」「暗い人」という表現を何気なく使ってきましたが、もしかすると、「嬉しい」「楽しい」「幸せ」「愛してる」「大好き」「ありがとう」という言葉を発した瞬間に、「光っている」のかもしれません。そして、その光は周囲を物質的に明るくするだけでなく、目の前のものや、人、組織、構造物まで変質させてしまう力があるのかもしれません。

私の車は、メーカーによると、燃費が「リッター7km程度（1リットルのガソリンで約7km走れる）」だそうです。ところが実際は、「約10km」を維持しています。

どうしてこれほど燃費がいいのか不思議に思っていたのですが、今回の話で思い当たることがありました。それは私が、車に乗るたびに「元気に走ってくれてありがとう」「軽快に走ってくれてありがとう」と声をかけていたことです。もしかすると、「ありがとう」が持つ言葉の光が、ガソリンを変質させていたのかもしれません。

「ニコッと笑って、『ありがとう』を言う」。こんな簡単な力なら、いくらでも使えそうだと思いませんか？

021

人生を楽しむことができた人は、全員、「観《かん》音《のん》様の化身」らしい

お釈迦《しゃか》様は、2500年前に「経《きょう》・律《りつ》・論《ろん》」という「三蔵《さんぞう》」を教えとして残しました。それを700年くらいかけて、弟子たちが漢訳したものを「一切経《いっさいきょう》」、あるいは「大蔵経《だいぞうきょう》」といいます。そして、この三蔵をすべて修めた人を、「三蔵法師《さんぞうほうし》」と言います（三蔵法師は何十人もいるそうです）。一人目が「玄奘《げんじょう》」という人で、物語の「西遊記《さいゆうき》」のモデルになりました。

日本にも、「一切経」を読み込んだ人が何十人かいます。私はこのうちの3人に出会ったことがあります。**その3人が3人とも「いちばんおもしろい」と言ったお経が、なんと同じものだったのです。**この3人が挙げたお経は、「観音経《かんのんぎょう》」というものです。「観音経」には、このような一節があります（起承転結は、私がつけたもので、このように分けられているわけではありません）。

・【起】

今、私たちの目の前に、子どもが楽しそうに遊んでいる。遊んでいる子どもたちの姿を人間だと思って、私たちは見ている。じつは、観音《かんのん》様というのは変装の名人で、33の化身を持つ。子どもの姿も、その33の化身のひとつで、楽しそうに遊んでいる

子どもというのは、観音様の化身かもしれない

・【承】

この楽しそうに遊んでいる子どもたちは、「観音様の化身かもしれない」ではなく、観音様そのものである

・【転】

それを笑顔で楽しそうに見ている私も、観音様の化身かもしれない

・【結】

それを笑顔で楽しそうに見ている私は、「観音様の化身かもしれない」ではなく、観音様そのものである

すごいお話です。楽しげに遊んでいる人たちは、この「観音経」によると、全員、「観音様の化身」らしいのです。その楽しげに遊んでいる人を見ている「私」が、楽しくて幸せになった瞬間に、「私」自身も観音様の化身になったということです。

向こうにいる神様、仏様、観音様は、みんなが楽しそうに過ごしているところを上

から見通していて、「自分も、ときどき、楽しみに行こうかな」と思うらしいのです。

そして、人間の姿になって、この人間社会を楽しみにきているというのです。

私たちは、人間社会に修行に来たのではないようです。喜び、楽しむために生まれてきた。ですから、楽しみを味わうことができた人は、「観音様の化身」なのかもしれません。人生を最大に楽しむための大きなキーワードが「3つ」あります。この3つを実践すると、奥の奥まで人生を楽しんで、もっと楽しめるようになるらしいのです。

そのキーワードは、「そ」（掃除）と、「わ」（笑い）と、「か」（感謝）。

- **「トイレ掃除」をすると、お金に困らないらしい**
- **「笑う」と、体が丈夫になるらしい**
- **「感謝」をすると（「ありがとう」を言うと）、まわりが味方になってくれるらしい**

私は、それぞれの頭文字を取って、「そ・わ・かの法則」と名付けました。これが、40年間、宇宙の現象を見続けてきた、私の結論です。

022

あなたが、あなたでいてくれることに「ありがとう」

人間は、努力しなくてもいいのではないか。存在しているだけで価値があるのではないか。その人が存在しているだけで、心があたたまって、やさしい気持ちになれるなら、その人は、ものすごく価値があるのではないでしょうか。

私の長女は知的障害を抱えています。この子は、努力もしないし、頑張りもしない。才能もないため「頑張らなければ、人間ではない」という価値観からすると、この子は価値がないことになってしまいます。

ところが、彼女が属しているクラスは、生徒がみんなやさしい。彼女の存在が、クラスの子をやさしくしてしまうようです。

どうしてかというと、この子は、ありとあらゆる場面において、争わないし、競わないし、戦わないからです。それどころか、自分よりも立場の弱い子を見つけては、その子を助けようとします。

この子が、小学校6年生のとき、3学期の通知表に、校長先生が特別に書いてくださったメッセージがあります。こういう内容でした。

「6年生全員の中で、慶子《けいこ》ちゃんほど心を込めて『ありがとう』を言う生徒はいませんでした」

長女が幼いころから、私たち夫婦は「ありがとう」を言い合ってきたものですから、彼女もいつの間にか「ありがとう」を覚えてしまったようです。彼女は「ありがとう」を言うとき、90度まで体を折ってお辞儀をします。このしぐさがとてもかわいくて、とても美しい。わが家でいちばん美しく「ありがとう」を言える人です。

先日も、こんなことがありました。駐車場に戻ったとき、私たちがサッサと歩いていると、長女だけがトコトコと料金所まで行って、「ありがとう」と係の人にあいさつをしました。車を停めた私たちは、料金を払うのですが、係の人は、私たちがいない間、車を見てくれていた。ですから、彼女の目には「見てくださって、ありがとう」と映ったのでしょう。

長女を見ていると、この子は、「人間が、生まれながらにして持ち合わせているやさしい心」を呼び起こすために生まれてきたのではないか、と思います。彼女は、ただひたすら、その役割で存在しているかのようです。

この子がしていることは「ありがとう」と言ってニコッとする、ただそれだけです。でも、笑顔を見せることによって、クラスの子どもたちは、みんなやさしい子どもたちになっていった。そして、この子と一緒に過ごしている小林家の人間も、やさしくなりました。

常識からすると、努力をして何かを成し遂げたり、頑張って成績を上げたりすることがよいことのように思われています。もちろん、それも尊い才能ですが、努力や頑張りだけが価値ではないはずです。

その人が存在していること、その人がその人であることが、まわりをものすごくあたたかくし、穏やかにし、笑顔にする、そんな存在の人もいるのです。

すべての人は、「存在するだけ」で価値があると思います。そこに存在してくださっていることに「ありがとう」なのです。

すごい功績を残さなくてもいい。そこに、「あなたが、あなたでいてくれるだけでいい」のだと思うのです。

023

「感謝」は、すべての存在物を味方につけるオールマイティの方法

感謝の対象は、「人」だけでなく、「もの」「こと」など、日常生活のすべてです。**私たちの目の前にあるものすべてに「魂」が入っていると考えることもできますから、その「魂」を大事に扱うことも、「喜ばれるように生きる」ことにつながっていくようです。**

たとえばコップを持つときは片手で持つのではなく、もう片方の手を添えるようにする。落とされる心配がなくなった「コップの魂」は「この人に持ってもらってよかった」と喜ぶらしいのです。

大リーグのイチロー選手は、バットもグローブもスパイクもすべて自分で手入れをしているそうです。試合が終わるたび、道具の汚れを丁寧に落とし、常にきれいにしています。その結果、イチロー選手は「道具を味方にすることができた」のではないでしょうか。

相手ピッチャーが投じたボールに対し、ときとしてバットが勝手に反応してボールをとらえ、はじき返しているようにも見えます。

首位打者を取るような選手は、「内野安打」がとても多い。当たり損ないのゴロが野手の正面に飛ばずに塁間に転がり、ヒットになる。これも、道具が味方してくれた結果と考えることもできます。

2009年3月に行われたWBC（ワールド・ベースボール・クラシック）の決勝戦（韓国戦）で、イチロー選手は、日本を優勝に導くタイムリーヒットを放ちました。優勝後のインタビューで、イチロー選手はその打席を振り返り「神が降りてきた（神が打たせてくれた）」と形容しました。また、日本代表選手のひとりも、イチロー選手を「神」にたとえていたのが印象的です。

シリーズ中、なかなか調子の上がらなかったイチロー選手は、たびたび「まわりのみんなが自分を支えてくれている」とチームメートへの「感謝」を口にしていました。

チームメートへの感謝、ファンへの感謝、道具への感謝が、あの1本のヒットに集約されていたのかもしれません（ちなみに、イチロー選手の決勝打を「まるでシナリオがあったようだ」と評した野球解説者がいます。これはとてもおもしろい話です）。

「感謝」というのは、「ヒト」が「人間」になるための「切り替えスイッチ」らしいのです。

•「ヒト」＋「感謝」＝「人間」

「喜ばれると嬉しい」という本能に目覚め、「感謝する、感謝される」ことのおもしろさに気がついた「ヒト」が「人間」らしいのです。

「人間」はこの世の中で、ひとりで生きているわけではありません。「ありがとう」と言い合いながら生きていくものです。そして「人間」にとって、すべての存在物を味方につけられるオールマイティの方法論が「感謝」らしいのです。

024

「ありがとう」を言い続けると、「ありがとう」をもっと言いたくなる現象が起きるらしい

超常現象を研究している私のもとには、春夏秋冬の年4回、宇宙からのメッセージのようなものが来るのを感じています。「唯物論者《ゆいぶつろんじゃ》」である私としては、「あやしい人」になるのを防ぐため、ひとつ1つの情報について、100人の友人知人に意見を求め、検証してきました。ひとりでも「それは違う」と反論する人がいた場合、その情報を「外部に出さない」と自分で決めてきました。

このように検証した結果、今まで届いたメッセージ（120個以上）は、すべて、全員の賛同を得られました。

2001年3月に届いたメッセージは、のちに私を驚かせるものになりました。

「言葉は、刃物である」

「言葉は、刃物と同じくらい強力なエネルギーを持っている。道具として役に立つと同時に、人を傷つける武器になる。両方のエネルギーを持っていて、言葉にはものすごい力がある。そのことを再認識しなさい」

というメッセージです。私たちは、「たったひとつの言葉」によって、目の前の人を悲しみの淵に落とすことも、反対に、暗い気分の人を天国に誘うこともできるようです。言葉は、10秒、20秒というわずかな時間で、人の心を上下させることができるのです。

私たちはこれまで、「思いが大事だ」と教わってきましたが、たとえば、ある人を不幸にしようと思って、2年も3年も「不幸になれ」と念じ続けたとしても、それだけで相手を不幸にすることはできないでしょう。

それに対して、相手にひどい言葉を浴びせかけると、瞬時にしてダメージを与えます。言葉はエネルギーの塊《かたまり》であり、言葉の影響力は、想念に比べるとはるかに大きいようです。ですから私たちは、「自分の投げかけた言葉が、相手の心にも、肉体にも、大きな影響を与えている」ということをもっと認識したほうがいいようです。

さらに私がショックを受けたのは、このメッセージが二段構えになっていたことです。

「言葉が現象を生み出す」

発した言葉が現象化するようなのです。仮に私が「ありがとう」を言い続けると、「ありがとう」を言いたくなるような状況が降ってくるらしい。恨み言を言い続ければ、言葉の通り現象化して、恨み言を言わざるを得ない状況になるらしい。

宇宙に向けて発した言葉には、ものを生み出すエネルギーがあって、その言葉をもう一度発するような現象を起こすらしいのです。

「最初に言葉ありき」です。言葉があって、それがエネルギー化されて、「私」の行為、行動につながっているようなのです。

ということであるならば、心を込めなくてもいいから、「ありがとう」をたくさん言っている人には、「ありがとう」を言いたくなるようなことが次から次へと起きてくることになるでしょう。

しかも、現象化するスピードは、「ありがとう」を口にする回数によって決まるらしいのです。自分で発した「ありがとう」も、人から言われた「ありがとう」も、神様のもとでカウントされ、それが一定の数まで達すると、自分のところに現象になって届けられる、というしくみになっているようです。

もしこの法則を使いこなすことができたら、「人生は、おもしろくてしょうがないものになる」と思います。

025

コップに水がほとんど入っていないときに、「少しだけ残してくださっていて、ありがたい」と思えるか

もののとらえ方が変わってくると、私たちが住んでいる国は、「３つ」に分かれていることに気づきます。

ひとつ目の国には、何事も否定的にとらえる人が住んでいます。私は、この国のことを「悲帝国《ひていこく》」と名付けました。

「悲」という文字を分解すると、「非《あら》ずの心」となります。「そうではない、そうではない」と思う心のことです。

「非ずの心」を持っていると、「コップの水が半分しかない」「コップの水が７分目しかない」「コップの水が８分目しかない」と「足りない」ことに気を取られ、そしてついには、コップに水が１００％満たされていたとしても「１００％しかない」と不満を感じるようになります。

「１００％」も存在していて、もうそれ以上望むものはないのに、「１００％しかない」と嘆いている人が、世の中には多い気がします。

たとえば、目が見えていることだけでも十分に幸せなのに、「もっとどこかに幸せがあるはずだ」「もっと自分の思い通りになるべきだ」と思い込んでいる人は少なくありません。

「悲帝国」の住人は、いつでも、何にでも否定的な見方をしていることに早く気がついたほうがいいと思います。

2つ目の国は、「好帝国《こうていこく》」です。

この帝国には、どんなことにも、「好ましい、嬉しい、幸せ、楽しい」と言っている人が住んでいます。

「コップに水が半分入っている」ときに、「半分もあって嬉しい。楽しい、幸せ」と考えます。

この帝国の住人は、目の前に起きている現象を常に肯定的にとらえていますから、まわりにいる人たちも笑顔になり、よい仲間ができていきます。とても明るい集団と言えるでしょう。

3つ目の国は、これは少し江戸弁になるのですが（私は東京・深川の生まれ育ちです）、「ありが帝国《ていこく》」です。

この帝国の住人は、すべてのことに対して「ありがたい」と感謝する人たちが住んでいます。

「コップに水がほとんど入っていないとき」に「誰かが、少しだけ残してくださっていて、ありがたい」と考える集団です。

「ありとあらゆることが満たされていて、非常に幸せだった」とすべてのものに手を合わせ、笑顔を向け、「ありがとう」を言い続けている人たちですから、この国の住人はとても謙虚であり、穏やかで、和やかな空気をつくり出しています。

もし、この3次元の経済社会が「ありが帝国」一色になったら、どれほど生きていくのが楽しいものになるでしょうか。

第4章

Magic of the Word "Arigato"

「人間関係」に恵まれる

026

夫婦になるのは、違う価値観を持つ相手を「受け入れる（感謝する）」ため

自分の人生がつまらないと思っている人がいたら、それは「自分だけを見つめているから」かもしれません。人生がつまらないと思ったら、「自分だけを見つめないで、ほかの人を見つめる」といいと思います。

夫という名の男性、妻という名の女性が、「家族」という形で一緒に生活をしています。でも、男性から見る女性、女性から見る男性は、まったく違うようです。**まったく違うのに、「価値観を同じにしよう」と思うから、問題が生じたり、争いやケンカが起こるのでしょう。**男性と女性は、もともと違う生物だと思ったほうがいいようです。

男性と女性は、火星人と木星人くらい違います。

「男性が認知症になったとき、最後まで顔と名前を覚えているのが、自分の妻らしい。一方、女性が認知症になったとき、最初に忘れるのが夫らしい」という話を聞いたことがあります。

70歳を過ぎて妻に先立たれた夫は、5年以内に後を追うように亡くなることがあるそうです。自殺ではなく、体力気力を失って亡くなるそうです。男性は強そうに見えますが、じつはものすごく妻に依存をしているらしいのです。

一方、70歳を過ぎて夫を失った妻は、「15年以上生きる」ことがめずらしくないようです。妻は、「30年も40年も一緒に生きていた伴侶がいなくなってつらいわ」と言いながらも、元気に生きていきます。男性と女性は、まったく違う生き物と言えそうです。ですから、同じ価値観を持つことはなかなか難しいのです。

どうも私たちは、違う価値観を持つ相手と「同じ価値観になる」ために夫婦になるのではなく、違う価値観を持つ相手を「受け入れる（感謝する）」ために夫婦になるようです。

夫婦ゲンカをする人は、「これは自分の妻だ」「これは自分の夫だ」という誤解をしています。その人は自分の身内であり家族であるから、何を言っても許されると思っていますが、隣の家の男性が毎月給料を運んでくれていると思ったら、文句を言ったりしないでしょう。

「どこのどなたか存じませんが、毎月、私たちの家族が経済的に困らないようにしてくださって、ありがとうございます」

と、ただ手を合わせて感謝するのではないでしょうか。しかし、夫婦となると違います。疲労困憊《ひろうこんぱい》して仕事から帰ってきた夫に、「たまには、子どものキャッチボールの相手をしてよ」と小言を口にする妻がいるようです。隣の家の男性には感謝しかないのに、自分の夫だと、なぜそんなに厭《いや》みばかり言ってしまうのでしょうか。

夫の側からすると、どこのどなたかわからない女性が、朝晩、食事をつくってくれたとしたら、「どこのどなたか存じませんが、朝食や夕食を用意してくださって、ありがとうございます」と、手を合わせて感謝するはずです。他人だったら、手を合わせて感謝するのに、なぜ妻には感謝しないのでしょうか。

それは、「家族という名の甘え」があるからです。

だから、原点に立ち戻って、というより、原点よりもずっと前まで戻って、夫も妻も、「この人はもともと他人なんだ」と認識することが大切だと思います。

そして、この他人の男性が私に対して、たくさんのことをしてくださることに感謝する。他人の女性が私に対して、たくさんのことをしてくださることに感謝する。

男性と女性は根源的に違うのですから、同じ価値観にはなりません。もともとは他人だと思うと「感謝の気持ちが芽生えてくる」ので、人間関係がうまくいくようです。

027

「明日、この人と会えなくなるかもしれない」と思って、今、目の前にいる人を大事にする

ときどき、小学生や中学生、高校生が突発的な事故で亡くなることがあります。そういう事故が起きるたびに、私は、多くの人から、

「なぜ、中学生がプールで溺れて亡くなったのか？」

「なぜ、高校生が海で亡くならなくてはいけないのか？」

といった質問を受けてきました。


昨日まで仲良く笑顔で暮らしていた人が、突然、亡くなる。すると多くの人はショックを受けて、「なぜ、あの人は亡くなってしまったのだろう」「そんなに若くして亡くならなくてもいいのに……」と思います。


もしかすると、神様はこうした事件を通して、

「今、目の前にいる人は、明日、会えなくなるかもしれない」

ということを教えてくれているのかもしれません。


つまり、「今度会ったときに、楽しい時間を過ごせばいいや」と思うのではなく、「目の前の人は、いつ亡くなってしまうのかわからない。だとすれば、今、目の前にいる

人を、最大限、大事にしておく必要がある」ということを神様は問いかけている気がするのです。

仮に、今日、最大限に大事にした人が、明日、亡くなってしまっても、「自分は、最大限この人を大事にした」「もうあれ以上のことはできなかった」と思えるかもしれません。


「突発的な事故や事件」をニュースで知ったとき、人間的な感情で悲しんでもいいのですが、「悲しい」だけで終わらせてはいけないように思えるのです。

自分の親、子ども、兄弟、友人、知人に出会ったときに、その人との関係を最大限大事にして、「明日でいいや」と思わないことが大切だと思います。

たとえば、おじいちゃんやおばあちゃんが亡くなったとき、「おばあちゃんが、どこそこに行きたがっていたのに、連れて行ってあげられなかった」と思うと、ものすごく涙があふれてくるでしょう。

しかし、「あそこに行きたい」と言ったら連れて行ってあげて、「ここに行きたい」

と言ったら連れて行ってあげて……、というように、おばあちゃんのためにできる限りのことをして、コミュニケーションを取って、最大限、大事にしていれば、おばあちゃんが亡くなっても、取り乱したりせずに済むのではないでしょうか。

亡くなった人を悔やんで悼《いた》んで、それで自分の心を痛めるという方法ではなく、今、目の前にいる人を最大限大事にすること、自分でできることを一所懸命やっていくことが大切なのだと思います。

明日の人も、昨日の人も、大事にすることはできません。大事にできる人は、今日、今、目の前に存在する人だけなのです。

明日という日は、永久にやってきません。今日寝て、朝起きたら、また「今日」です。

常に、今日、今、目の前の人を大事にし、やるべきことをひたすら大事にやっていく……。

人生は、ただ、それだけしかできないのだと思います。

028

2度、3度と会う人は、何十回、何百回、同じ時代を生きてきた「魂の仲間」らしい

以前、ダライ・ラマ（チベット仏教の最高指導者）に非常に近しい人と話をする機会がありました。そのとき私は、

「あなたがたは、チベット仏教の中にある『輪《りん》廻《ね》転《てん》生《しょう》』という概念を、どう考えているのですか？」

と質問をしました。

この質問に対する、この方々の答えは、次のようなものでした。

「もちろん、輪廻転生は存在します。私たちが今、『ダライ・ラマ』に非常に近いところで仕事をしていられるのは、それまでの前世の『貯金』のようなものだと思っています。**つまり、何十回かダライ・ラマの周辺で仕事をしたことが認められ、今生は『ダライ・ラマ』に非常に近いところで仕事をやらせていただいている、ということです**」

「輪廻転生が存在する」という考え方は、東洋哲学（中国やインドの思想や哲学、日本の仏教など）に共通して見られる思想です。そして、輪廻転生の中には、「自分と非

常に密接な関係を保っていく人」が存在しているようなのです。

人間関係を大きく分けると、「2つ」あると思います。ひとつは「縁のない人」。その人の存在すら知らない人です。

もうひとつは、「縁のある人」。縁のある人は3種類に分かれていると考えています。

①歌手や俳優のように、「存在認識」はあるが、生涯、一度も会うことのない人
②一度だけ会うことがあり、顔を見たけれど、二度と会わなかった人
③2度以上会う人

お釈迦《しゃか》様の言葉に「同席対面五百生《どうせきたいめんごひゃくしょう》」という言葉があります。

「対面」とは面と向かうこと。「同席」とは、席を同じくすること。つまり「同席対面」の関係になった相手とは、すでに500回以上、同じ世で生きていることになるようなのです。

自分の身近な人（血縁関係のある人）に限らず、この世で一緒に生きている「他人」

の中にも、自分の価値観や人生観、思想と同じようなものを持っている人がいます。このような人たちは、同じ魂、近い魂を持った「仲間」と言えるのかもしれません。

私たちは一般的に、家族や血縁者を大切に思い、それ以外の人たちを「赤の他人」と呼んで区別しがちです。

しかし、魂のレベルで考えると、家族であるかそうでないかで区別することは無意味であることに気がつきます。

なんとなく気が合う人、考え方が一致する人、一緒にいると心が安らぐ人と「私」は、おそらく、過去に何十回、何百回、何千回と同じ時代を生きてきた「魂の仲間」らしいのです。

一度ならず、2度、3度と会う人とは、何か計り知れない「因縁」があるようです。そう思って一人ひとりと接していくと、大変おもしろく、人生は奥深く興味深いものになっていくのだと思います。

029

家族と他人を「同じ大切さ」で接すれば、人間関係の悩みの9割はなくなる

ある男性から、次のような相談を受けたことがあります。

「私の実家は、代々続く造り酒屋なのですが、私は長男なので、親から『跡を継いでもらわないと困る』と言われ続けてきました。私は家業以外にやりたいことがあるのですが、家族のことを思うと、やりたいことを貫くことができません。どうすればいいのでしょうか？」

なんとなく気が合う人、考え方が一致する人、一緒にいると心が安らぐ人と「私」は、前世からのご縁でつながっているようです。今生《こんじょう》では他人でも、前世では、親子や兄弟であったかもしれませんし、恋人同士だったかもしれません。

ですから、家族だけが重要なのではなくて、親、子ども、兄弟、親戚、友人、知人、初対面の人まで、「魂の距離」でいうと、じつはすべて「等距離」にあるようです。

家族のしがらみなど、「家族をどのようにとらえるか」という問題で悩んでいる人がたくさんいます。家業を継ぐとか、名前を継ぐとか、一人娘だから養子を取らなければいけないとか……。**私は、今まで、1万人以上の人生相談を受けてきましたが、「家**

族を特別視しなければ、悩み、苦しみの9割はなくなるのではないか」と思ったほど、多くの人が、家族のしがらみに縛られている気がします。

「誰が大事か」ということを階段にたとえると、私の場合は、「家族」と「他人」が同じ高さにいます。つまり、家族も他人も同じように大切である、ということです。

一方、「家族のほうが、他人よりも『10倍』大事である」と思っている人は、家族の階段が10段上がるわけですが、それは「他人」の位置から見ると、「『10倍』大事ではなくなった」ことと同じです。「家族が大事だ」ということは、「他人が大事ではなくなった」ということになるため、このギャップに苦しむことになるのでしょう。

宇宙的なレベルで物事を考えると、親子とか、家族とか、他人といった区別はなくて、すべての魂は、全部、同心円、等距離にあることに気づきます。

親子という名の他人、夫婦という名の他人、他人という名の家族、家族という名の「今生での縁」ということです。

そのことが自分の中ではっきりと確認できると、親や兄弟や家族だけ、恋人だけ、自分の妻や夫や子どもだけでなく、「目の前にいるすべての人が大事である」ことに気づけるでしょう。

この話をすると、「じゃあ、家族をないがしろにするのですか？」と聞いてくる人がいるのですが、そういうことではありません。

自分のまわりにあらわれる人は全部、等距離ですから、「家族を大事にするのと同じように、まわりの人も大事にしてはいかがですか？」ということです。

血がつながっている人も、いない人も、すべて大事な存在なのですから、初対面の人までも「全部、同じ距離にいるんだ」と思ってみては、いかがでしょうか。

家族を大事にするのと同じ距離感で他人とも接するようにすると、家族のしがらみに縛られることが、だんだん少なくなってくると思います。

「私の目の前にいるすべての人が大事であると思うこと」、それが宇宙の真実だと思います。

030

結婚した後に人格が変わる人は、「車の運転」「お酒」「財力と権力」で変わる人らしい

いろいろな人と話をしていて、よくこんな質問をいただきます。

「結婚相手は、どんな人を選んだらいいでしょうか？」

「結婚するには、相手のどんなところを見たらいいでしょうか？」

人にはそれぞれ好みがあるので、一概には言い切れませんが、私なりの「見るべきポイント」があります。

まず、人生の中で「求めているもの」「目指しているもの」が同じであることが基本条件です。「求めているもの」「目指しているもの」は、大別すると「3つ」あります。

「①もの」「②地位や名誉」「③人格向上」です。

「もの」あるいは「地位や名誉」を目指している人同士なら、相手選びはそれほど難しくないと思います。「豪華な家や車を買う」「課長に昇進する、部長に昇進する」など、求めているものが外から見えるからです。

難しいのは、3つ目の「人格向上」を目指している場合です。心の問題は外からは見えないので、相手がどのような人格を目指しているのか、わかりにくいのです。第3の相手（自分と同じように人格向上を求めている相手）と結婚したいなら、「タテヨコ不変」な相手を見つけることです。

「タテの不変」とは、10年ぶり、20年ぶりに会っても、同じ笑顔、同じ親しさを保ち続けることです。社会的な立場を背負っていても、威張ったり、横柄になったり、傲《ごう》慢《まん》になったりせず、友としての親しさが変わらない人です。

「ヨコの不変」とは、今の自分を取り巻いている人に対して、同じ態度、同じ笑顔を示すことです。目上の人や同僚だけでなく、目下の人や、取引先にも丁寧に接する。相手の立場や身分によって態度を変えないことでもあります。

職場で「ヨコの不変」を見ることができる場合はよいのですが、同じ職場でないと、なかなか見ることができません。その場合は、「ヨコの不変を持っているかどうかを次の３つで見分けたらどうか？」というのが私の提案です。

【1】車を運転するとき

【2】お酒を飲んだとき

【3】財力や権力を手に入れたとき

「車を運転すると急に荒っぽくなる」「お酒を飲むと自分を見失う」「名声を手に入れ

たとたん威張り出した」「お金を持つと浪費する」といった「変身」をする人は、人や社会に対する憎しみ、敵意、不平不満を持ち続けていることが多いようです。普段は人に見せていないだけで、心の奥底に隠しているのです。

この3つの場面で人格が変わる人は、結婚して2人だけの生活がはじまったとき、「横暴になる」「乱暴になる」「偉そうになる」「威張る」「怒鳴る」「嫉妬する」といった方向に人格が変わる可能性があるようです。

10年経っても、20年経っても、どんなときでも（タテ）、年上に対しても年下に対しても誰に対しても、どんな状況でも（ヨコ）、同じ笑顔、同じ丁寧さを保ち続けること。それが、私の考える「タテヨコ不変」の意味です。

もし結婚を考えている相手が「タテヨコ不変の人」ではなくて、「変わるタイプの人」だとしたら、この文章を読んでもらうというのは、いかがでしょうか？

もし自分が「相手や状況によって態度を変えている」ようなら、これを機に「不変の路線」に切り替えてみてはどうでしょう？

人格向上の第一歩は、「タテヨコ不変」からはじまるような気がします。

031

「運命」は「人」によって運ばれてくるらしい。
一人ひとりを大切にすることで、
好運に恵まれる

「運命」という言葉と、「宿命」という言葉は、混同して使われやすいのですが、「宿命」とは、「宿っている命題」のことです。

つまり、生まれながらにして、その人が背負っているもので、生年月日や性別、どんな親の下に生まれたかなど、目覚めている意識（顕《けん》在《ざい》意識）では変えられないもののようです。実際には、すべて自分でプログラムをして生まれてきているようですが、とりあえず、自分で決定したとは思えないことが「宿命」らしいのです。

一方、「運命」は「運ばれてくるもの」「運ばれてくる命題」のことです。**では、「運命」は、何によって運ばれてくるのかというと、「人」によって運ばれてくるようです。**人生は、「人との出会い」によって組み立てられているようです。

ですから、私たちは、「一人ひとりを本当に大切にしているか」を常に考える必要があります。

たとえば、手紙をくれた人に返事を書こうと思いながら、つい書きそびれて月日が経ってしまうことも少なくありません。返事を書くことが相手を大切にすることになるのに、私たちは、ついつい、そのままにしている気がします。

どうやら、「一人ひとりを本当に大切にしているか、どうか」で、その人の「運命」は決まってくるらしい。

「運命」は人が運んでくるものなのですから、運んできてくださった人に「感謝」し、「手を合わせる」ことを続けていると、その人の人生は、「嬉しさ」「楽しさ」「幸せ」に満ちたものになっていくようです。

極端に言えば、「運命」には「運がいい」も「運が悪い」もありません。

「運が悪い人」は、目の前の「運（＝人）」を見過ごしている（大切に思っていない）ことにほかなりません。

「運命」は、人によって運ばれてくるのですが、それを運んでくれる人は、「運んでいますよ」と声高に言うことはないようです。ただ黙々と、目の前を通り過ぎていくだけです。

しかも、通り過ぎる人数は、誰に対しても平等で、「それをしっかり見ることができるかどうか」が問われているようです。

ですから、人との「出会い」や「つき合い」を大切にしていくかどうかで、自分の将来が決まっていくということに、気がついたほうがいいと思います。

一人ひとりを大切にしない人に、「好運」はありません。**逆に、社会的な地位や身分に関係なく、人間一人ひとりを本当に大切にしている人は、「好運」を手に入れることができるようです。**

「今まで自分は運が悪かった」「ツイていなかった」と嘆く人は、もしかしたら、一人ひとりを大切にしてこなかったのかもしれません。

自分の日常生活を見直してみると、経済、報酬、仕事とはかかわっていなくても、自分と「縁」のある人、出会う人がいるはずです。

その一人ひとりを大切にしていく。そうすることで、今までにない「好運」な日々が展開していくように思います。

032

「尊敬」という概念があれば、上下関係はスムーズになる

一般社会の中で、「上下」が存在する人間関係には、3種類あるように思います。「①親と子」「②上司と部下」「③先生と生徒」の3つです。

いずれの関係も、「ある概念」があれば、行き詰まることはなく、スムーズに流れていきます。「ある概念」とは、「尊敬」というものです。

基本的に、親は子に、上司は部下に、先生は生徒に対して、指導的で優位な立場にあります。**このとき、上に立つ人間が、下の人間から「尊敬されている」と、その人間関係はスムーズに進んでいくようです。**

しかし、上に立つ人が「尊敬されるような人格」を持っていない場合、その人間関係は、かなりの確率で行き詰まっていくようです。

親は、子どもに対して威張っていないでしょうか。上司は、部下に対して偉そうにしていないでしょうか。先生は、生徒に対して怒鳴ったりしていないでしょうか。上下関係は、基本的に「上の人が尊敬される」ほうがうまくいくようです。

ある会社の社長さんは、部下を激しく怒鳴り続けていたことがあるそうです。その話を聞いた私は、「怒鳴られたり、怒られたりすることに対して、手当を出しているのですか？」と質問をしました。「もちろん、そのような手当はありません」という答えだったのですが、そこで私は次のように言いました。

「給料というのは、労働の対価として支払われるのであって、その中には、『怒鳴られる』ことに対する報酬は含まれていないのですよね」

と。すると、その社長さんは、「そのような報酬が入っているわけがない」と言うので、私はさらに続けました。

「上司という人は、たぶん、下の人よりも忍耐強く、寛容だから『長』なのですよね。社員が10人いる『係』があったとき、係長は、その10人の中でもっとも忍耐強く、もっとも寛大な人のはずです。ということは、社長という人は、『会社』の中でもっとも忍耐強く、度量が広く、寛大であるのではないでしょうか」

私の話を聞いた社長さんは、ポツリと言いました。「社長の給料の中には『忍耐料』も含まれているのでしょうか……」と。たしかに、「長」がつく人は「忍耐強くて寛容である」ことの報酬として、高い給料をもらっていると考えることもできそうです。

その社長さんは、聞き取れないくらいの小さな声で「あぁ、だから俺の給料は少ないのか……」と漏らしました。私は声を出して笑ってしまったのですが、この日を境に、社長さんはほとんど怒ることがなくなり、いつもニコニコと笑顔で仕事をするようになったそうです。

親も、上司も、先生も、立場が下の人の失敗に対して、なじったり怒ったりしない人格上の忍耐強さ、柔らかさ、寛容さを持つことが、「尊敬」の対象になります。

怒鳴ったり、怒ったり、声を荒らげたりすることで「尊敬」を手に入れることはないようです。いつもにこやかで、誰に対しても同じやさしさと、同じ柔らかさで接する人が尊敬されるのです。親だから、というだけで子どもが言うことを聞くのではありません。上司だから、というだけで部下がコントロールできるのではありません。先生だから、というだけで無条件に生徒が慕ってくれるわけではありません。常にそこには、「尊敬」という概念が必要なようです。

上下関係の間に「尊敬する気持ち」や「尊敬される存在になろうという気持ち」があれば、人間関係はスムーズに流れて、多くの問題が解決していく気がします。

033

「地獄」のような人間関係を、一瞬で「天国」に変える方法がある

先日、あるところに招かれ、数十人の方の前でお話をする機会がありました。その後、20人ほどで夕食会があったのですが、食事の最中に、参加者のひとりからこんな質問がありました。

「さきほど、『嫌な人や、嫌なことは存在しない』とお話しされていましたが、私の会社には、『感情的で、自制心がなく、気分屋で、横暴で、すぐに威張ったり怒鳴ったりする上司』がいます。こんな上司でも『嫌な人』ではないのですか？」

私は、次のように答えました。

「嫌な人、嫌なこと、嫌な現象というのは存在していなくて、自分がそう決めつけているだけではないか、と私は思っています。

今の上司の話も、2つの面から『嫌な人』ではないのかもしれません。ひとつは、感情的で横暴な性格を持つ方でも、それを上回る長所を持っている可能性があること。

もうひとつは、自分にとって『好ましくない発言』をする人は、『こんなふうに、うぬぼれたり、傲慢《ごうまん》になったり、自己中心的になってはいけない』ということを教えてくれる素晴らしいアドバイザーなのかもしれない、ということです。そう思えば、その上司は感謝の対象になるのではありませんか？」

ですが、その方は、私の答えに納得しなかったようで、「こんな人もいます、あんな人もいます、こういう人もいます」と、自分が「ひどい」と思う人を次々と挙げはじめたのです。おそらく、30分以上は話し続けていたと思います。

彼の話が終わったとき、私が笑って、「あなたはもしかしたら、嫌な人を１０００人挙げられるのではありませんか？」と問いかけると、彼の返事は、「１０００人どころか、２０００人でも挙げられます」でした。

私が「そんなに、まわりにいる人が『嫌な人』ばかりでは、地獄のような日々ではありませんか？」と聞くと、２、３秒考えてから、「そうですね、まったくの地獄です。人生は楽しくないし、苦痛です」と答えました。

この男性にとって、「嫌な人」や「嫌いな人」が数人であれば、相手の問題かもしれません。ですが、１０００人、２０００人となれば、この人の「見方」自体の問題ではないでしょうか。

まわりにいる人たちの「あら探し」「嫌いなところ探し」をしている以上、その人のまわりには、「嫌いな人」「嫌な人」の集団しか存在しないことになるでしょう。

まわりがみな「嫌な人」だとすれば、気を許すことも、楽しく語り合うこともありません。いつも不機嫌で笑顔のない生活は、それこそ「地獄」にほかならないと思います。ところが、「『嫌な人』が存在しているのではなく、自分が決めつけているだけ」と認識できれば、その瞬間に地獄はなくなるでしょう。

地獄を生み出した原因は、「自分の見方」であり、その見方を変えれば、問題は一瞬で解決すると思います。

「この人には、こんなによいところがあった。こんなに素晴らしい面もあった」と思うことができたら、まわりの人がみな「よい人」になり、「よい人」に囲まれている自分は、とても「幸せ」に思えるでしょう。どうやら「天国」も「地獄」も、自分の心の中に存在しているらしいのです。もしかしたら誰でも一瞬にして「地獄」を「天国」に変えることができるのかもしれません。

第5章

Magic of the Word “Arigato”

「病気」にならない人の習慣

034

「肉体」は老いるが、「魂」は歳を取らないらしい

「体」という言葉の語源は「空魂《からだま》」だと言われています。「空魂」とは、魂の入っていない入れ物・容器のことです。

私たちの本質は、肉体は「空魂」である箱であって、そこから魂がポーンと抜けてしまうと倒れてそれっきり……。**つまり、「空魂」とは、魂が入っている間は生き物なのですが、魂が抜けると物体になってしまう……という、たとえをあらわしている言葉のようです。**

「私たちの魂」は、私の頭骨にスポンと埋まっているらしいのです。「体」自体は箱であって、「私」ではないようです。魂が体（箱）に入り込んで、はじめて「私」になっているのですが、この魂のことを、「心」と呼ぶようです。

そして、体は箱であり物体ですから、当然、老いますし、病みますし、疲れますし……、やがて、死をむかえることでしょう。

「物体」というものは、プラスチックであろうが、絹であろうが、金属であろうが、どんなに頑丈なものでも、朽ち果てていきます。

当たり前のことですが、人間の体も物体なのだから、当然、老化していきます。臓器も物体ですから、やがては、機能不全になったりするでしょう。

肉体は、「老いる」「病む」「疲れる」「死ぬ」ことになります。

しかし、その一方で魂は、物体ではありませんから、「老いない」「病まない」「疲れない」「死なない」らしいのです。

私の考えでは、魂は物体ではなく「4次元的な存在」なので、歳を取らないようです。それなのになぜ、私たちは歳を取ったと思うのでしょうか。それは、肉体に引きずられているから。

魂が主役であって体は従属しているとしたら、魂と体は主従関係にあって、主人が思ったことについて体は反応するでしょう。

ところが、体に変調をきたしている人は、この矢印が全部「逆」のようです。老いていく体に引っ張られているので、魂も老いていってしまうらしい。体が病んでいると、「私は病気なんだ」と思って、魂も病んでしまう……。体が疲れると、「私は生きていることに疲れている」と思って、魂も疲れてしまう……。肉体が死にかけていると、「ああ、私は死ぬんだ」と思って、魂も死にかけてしまうようなのです。

魂は物体ではないので、老いることも、病むことも、疲れることも、死ぬこともないらしい。魂は、肉体がなくなっても、ずっと存在しているようなのです。

あるとき、ブヨに刺されたことがありました。血管が見えなくなるくらい腫れて痛くて痒かったのですが、「痛くて痒いのは私の体である。そして、私（魂）は痛くもないし痒くもない」と思ってみたら、ずいぶん痛みも痒みも少なくなった気がしました。

肉体は当然のことながら、老いていきます。肉体に限らず、物体として宇宙に存在するものは、朽ちていく。それでまた新しい造形物を構成して、その造形物がまた崩れ落ちて地面に戻って、ということを何十億年も繰り返しているみたいです。

それは、ただグルグル回っているだけで、物体は、ただ輪廻転生《りんねてんしょう》を繰り返しているらしい。私は、昭和23年生まれですが、「魂」的には歳を取っていないと思っています。「外見は60歳じゃないか」と言われてもかまいません。外見は、別に何歳でもいいのです。

本人が歳を取っていないと思っている以上、「魂」は老いていないと思うのです。

035

ガンが自然に治癒した人たちの共通項は、「ガンになったことに感謝している人たち」らしい

ガンと診断された患者の中に、数百人にひとりの割合で、自然治癒する人たちがいるそうです。

私のまわりにも「ガンが治った」という方がたくさんいらっしゃいますが、その人たちに共通しているのは、「ガンになって本当によかった」と感謝していることでした。

「ガンになったことで、同じ病気を抱えるさまざまな仲間と知り合うことができた。命をかけて情報交換をする仲間たちは、みな、やさしく、明るく、親切な『よき仲間』だ。ガンにならなかったら、努力すること、頑張ること、競い合うこと、比べること、争うことだけの価値観しか知らなかったかもしれない。けれどガンになってからは、今までの自分なら、かかわりがなかったような『よき仲間』に囲まれている。ガンになって、本当によかった。ありがとう」

「ガンになる前より、ガンになってからのほうが、ずっと幸せだった」と思っている人は、どうやら、奇跡的にガン細胞がなくなることがあるようです。

一方、「どうしてガンになったんだ」とか、「どうして自分だけこんな目に遭《あ》わなければいけないんだ」とガンを否定し、自分の境遇を嘆き悲しむ人がいます。そして、そこから抜け出そうとあらゆる治療を施し、必死になってガンと闘う……。

けれど、もしかすると、「闘う」と決めた瞬間から、ガンの病状は進行していくのかもしれません。

人間はなぜ「病気」になるのでしょう。なぜ「ガン」になるのでしょう。

宇宙の方程式から考えると、それは「神様」が、「命をかけて、感謝を学んでみませんか?」「命をかけて、謙虚さを学んでみませんか?」と、学ぶ機会を与えていただいていると解釈することができそうです。

ですから、ガンになったことにさえ、「心から感謝」できるようになったならば、「神様」は、「もう訓練の必要はありませんね」と、その人の体からガン細胞を取り除いてくれるのかもしれません。

「問題に感謝」してしまったら、「問題として存在する意味がなくなってしまう」ので、その「問題」は自然に消えていくらしいのです。

もしも「余命半年」と宣告されたなら、半年をどうやって1年、2年、3年に延ばすかを考えるより、「喜ばれると嬉しい」という本能に従って、「喜ばれる存在になろう」と心がけてみてはどうでしょうか？ 死ぬまでの間に、「どれだけの人に喜んでもらえるのか」を考えるのです。

残された時間を「喜ばれるため」に使う。
残された時間を「感謝」のために使う。
残された時間を「よき仲間」と過ごすために使う。

そのように実践できる人は、ときとしてガン細胞が消滅する可能性があるようです。

036

「涙を流すほどのやさしい気持ち」を持っていると、病気になりにくいらしい

以前、ある作家が、ＮＨＫの朝のドラマ『おしん』について、こんなことを書いていました。

「この番組には、意外な効用がある。それは『泣く』ことの効用だ。**私の妻も、このドラマを観てよく泣いていたが、泣いた日の妻は、私に対する態度がやさしくなっていたように思う。**

私自身も、泣いた日は心が穏やかになって、イライラしたり怒ったりすることがなくなった。みんなが泣いたと思われる日は、電車の中さえ穏やかで、一人ひとりがやさしくなっている気がした。どうも人は、『泣く』ことでやさしくなるらしい」

この文章のことを思い出したのは、ある人が「不思議な体験をした」と私に話してくれたからです。

その話をしてくれた方は70代の女性で、20代のころから、約50年間、心臓病で苦しんでいました。

いろいろな治療や薬を試してみたものの、心臓の苦しさはなくならない。心臓が耳元にあるかのように、「ドキンドキン」という心音が聞こえてくる。「いつ心臓が止まるか」と怯えながら生きていたそうです。

そんなとき、知人から誘われ、ある禅宗《ぜんしゅう》の寺院が主催する3泊4日の「座禅《ざぜん》体験会」に参加することになりました。

すると、お寺についたときから「突然、涙が出はじめた」といいます。

悲しいことがあったわけでも、感動したわけでもないのに、「わけもなく、涙が勝手にあふれ出た。涙とはこんなにも出るのかと思うくらい、大量の涙が流れた」そうです。

涙は体験宿泊が終わるまで流れ続け、寺を出たときに止まったといいます。そして涙が止まると、この女性は、「妙な感じ」を味わったのだそうです。

「妙な感じ」とは「静けさ」でした。

いつも耳元で聞こえていた「ドキンドキン」という心臓の音が聞こえなくなってい

たそうなのです。

その日以降、日常的に心臓を意識することがなくなり、「心臓がラクになった」そうです。

この女性の事例は「涙が体質を変えたようだ」というよりは、「涙が病気を治したようだ」と表現してもよいのかもしれません。

人は、涙を流すと、怒らなくなり、怒鳴らなくなり、イライラしなくなるようです。

どうやら人は、「やさしくなる」ことで、病気を改善できることがあるらしいのです。

そして、涙は、いろいろなものを洗い流すことができるらしい。

「涙を流すほどのやさしい気持ち」を持ち続けていると、病気になりにくいのかもしれません。

037

「こうなりたい」という思いを捨てると、嬉しい奇跡が起こるらしい

ある女性の話です。この女性は、結婚して8年間、子どもができなかったそうです。あらゆる不妊治療を試みましたが、結局、うまくいかなかったそうです。

子どもができずに悩み苦しんでいたとき、彼女はたまたま、私の話を聞いたそうです。

「人間の一生というものは、生まれながらにして、自分で自分のシナリオを書いてきているらしく、すべては予定通りに進んでいるらしい。だから、過去のことをクヨクヨする必要もないし、未来のことを心配する必要もない。ただ『念』を入れて生きていけばいい。『念』という字は、『今』の『心』と書く。**つまり、目の前にいる人、目の前に起きていることを大事にして生きていけばいいようだ**」

という話でした。

私の話を聞いて、この女性は気持ちがすっきりしたといいます。悩みが解消し、ラクになり、楽しくなって、心豊かな毎日を送れるようになりました。

すると、不思議なことに、8年間できなかった子どもを授かったそうです。

出産後、1年ほど過ぎたとき、もうひとり子どもが欲しくなりました。そして、「妊娠しますように」と神様にお願いをし、不妊治療をはじめたのですが、治療の効果はあらわれなかったそうです。

「どうしてできないのか」と悩んでいるとき、私の話を思い出したそうです。「そうだ、全部決まっているとするならば、自分のシナリオに身を委ねればいい」そう思って気をラクにしたとたん、悩みが消えた。そして、妊娠したのだそうです。

2人目の子どもがお腹の中にいるとき、彼女は私に、こんな話をしてくれました。

「力を抜いて生きること。頑張って、執着して、思い通りにしようとして、『そうでなければ嫌だ』と思っているときは、そうならないみたいです。力を抜いてお任せしたとたん、子どもを授かったということは、神様は私にそういう法則を教えてくれたのだと思います」

じつは、彼女の話にはおまけがあります。子宮の中に筋腫《きんしゅ》(良性の腫瘍《しゅよう》)が見つかったのです。診察をした医師は、「お腹の中で子どもが大きくなるに従って、その筋腫が問題になることがあります。1カ月後に再検査をして、そのときの状況で、手術をするか、そのまま見送るか、ほかの方法を取るか決めましょう」と言ったそうです。

彼女は、再検査までの1カ月間、「筋腫さん、小さくなってくれてありがとう。お腹の子どもの問題にならないように退いてくれてありがとう」と言い続けたそうです。

再検査の結果に、医師は目を丸くして驚きました。筋腫がなくなっていたそうなのです。

彼女は笑顔で語ってくれました。

「力を抜いて、頑張らないで、必死にならないで、『そうならなくてもいいけど、そうなったら嬉しい。でも、そうならなくていいけど、そうなったら楽しい。でも、そうならなくていいけど、そうなったら幸せだ』と思っていると、すごい効果が出るみたいですね。

この2人の子どもを通して、『自分の思いにこだわると実現しない。自分の思いや執着を捨てると、嬉しい奇跡が起こるらしい』ということを学びました」と。

038

お酒を飲みすぎる人は、お酒の力を借りて「悩みや問題」を飲み込んでいるらしい

私の考えでいうと、お酒を飲む人は、飲み込みたいこと（悩みや問題）がたくさんあって、お酒というものを借りて飲み込んでいるのではないでしょうか。飲み込みたいものがたくさんあると、お酒を飲むようになるようです。

「お酒を飲むな」と言っているのではありません。

お酒に依存している人は、飲み込みたいことがたくさんある状況をつくらないようにすることが、根源的な治療ではないでしょうか。

たとえば、家に帰ってお酒を飲もうとするときに、妻が不機嫌で笑顔をなかなか見せてくれないと、「何のために俺は働いているのだろう」という不平不満を「お酒の力を借りて飲み込もう」と思うのではないでしょうか。

ですから、奥さんは、ご主人が仕事から帰ってお酒を飲むとき、最初の30分くらいは、「あなたのお酒につき合います」と言って、笑顔で、やさしい気持ちでお酌をしてあげるのはどうでしょうか。

「お酒をたくさん飲むということは、何か、飲み込んでしまいたいストレスがあるのだろう」と思いやってあげる。そして、やさしい顔を見せて、「いつも、大変な仕事をありがとう」と言ってお酌をしてあげる。

ずっと、つき合う必要はありません。30分経ったら、「じゃあ、私はお風呂に入るから」と言って切り上げてしまえばいいのです。

そのように、30分だけでいいから、おつき合いしてあげたらいかがでしょうか。そうすると、しだいに、お酒に依存しなくなるかもしれません。

ちなみに、お酌をするときは、「遠いほうの手」でしてあげたほうがいいでしょう。近いほうの手でお酌をするのは、「近づきたくない」というボディランゲージになってしまうからです。

もしかすると、タバコを吸う人は、タバコの煙という形を借りて、吐き出したいものを吐き出しているのかもしれません。

お酒を飲み、タバコを吸うということは、「自分はストレスに弱い、すなわち弱い人間である」ということが、見え隠れしてしまう気がします。

人間の「心理」を考えていくと、どうも、お酒はそういう理由で飲み込んでいるらしい、タバコはそういう理由で吐き出しているらしい……、ということに気がつきます。

お酒とタバコに依存している人は、「人前で飲みすぎたり、人前で煙を吐き出すのは、やめたほうがいい」ように思います。

なぜなら、「ストレスにものすごく弱い」ということを、他人にさらけ出していることになるかもしれないからです。

弱い人間であってもいいと思いますが、「自分は弱い人間だ」と他人にさらけ出す必要はないと思います。

039

「孤独」は病気の元であり、「孤独」を癒せば病気が治るらしい

「スリランカ式の悪魔払いの儀式をしてきた」という友人が、興味深い話をしてくれました。

スリランカでは、「病気は悪魔が入り込んだもの」であり、悪魔が入り込むのは、「孤独だから」と考えられているそうです。

そして、「悪魔払いの儀式」とは、「孤独を追放するための儀式」なのだそうです（スリランカまで実際に行ったわけではなく、儀式は、彼が住む京都で行ったそうです）。

ある人が、ある病気にかかって自宅療養をしているとき、20人ほどの友人でその病人を囲んで、歌を歌ったり踊ったりします。30分ほど経ったあと、「さあ、そろそろ我々の仲間に戻ってらっしゃい」と、病人を輪の中に加えます。

多くの仲間によって見守られている病人は、孤独から救われ、ひいては悪魔からも救われることになるのだそうです。

「君は孤独ではない」「いつもたくさんの友人がいる」と感じてもらうことが「病気」を追い払う大きなエネルギーになるということでしょう。

「悪魔が存在する、しない」はともかくとして、「孤独」が病気の元であり、「孤独」を癒せば病気が治るという考え方はとてもおもしろいと思います。

たとえば、友人が病気になったとします。医者ではない私たちは、友人の病気に直接的には手が出せないと思い込んでいたように思います。

「こんな食べものがある」「こんな治療法がある」といったアドバイスはできるにせよ、その人の病気に対して具体的に何かをする方法があるとは考えていなかったのではないでしょうか。

生き方の探求として、「いつもの3原則」という教えがあります。

【1】「いつも考えていなさい」
【2】「いつもよい友人を持っていなさい」
【3】「いつも実践しなさい」

「いつも考える」とは、「人生とは」「人間とは」「自分は何のために生まれてきたのか」「宇宙や生命の本質とは」「自分は今、社会に対して、宇宙に対して、何ができるのか」「何が自分の使命なのか」「何が自分の役割なのか」を考えることです。

ひと言であらわすなら「哲学」です。

「Philosophy」（フィロソフィー＝哲学）とは「知恵を愛する」という意味です。「哲学」と聞くと、ずいぶん遠いもののように思えますが「知恵を愛する」、つまり「考える」ことが「哲学」なのです。

そして、「よい友人を持つ」ということは、たくさんの人から「あの人と友人になりたい」と思ってもらえる人になることでもあります。

スリランカ式悪魔払いの儀式をしてもらった人（自宅療養していた人）は、20人の友人に囲まれ、幸せを感じたことでしょう。

そこに集まった20人の友人にも、私は好感を持ちました。こんなにあたたかい友人に囲まれていたら、どんな病気でも、どんどん良くなってしまいそうな気がします。

040

人は「人」によって、パワーやエネルギーを与えてもらっているらしい

ある宿で、「スタミナ」「体力」「タフさ」の話になりました。

「小林さんは、タフですね」と、その宿のオーナーが言いました。「昨夜も4時間くらいしか寝てないわけだし、その前日も3時間だというし……。そのタフさの源は何ですか？」と聞かれました（ちなみに、4時間睡眠で、もつにはもつのですが、常時、睡眠不足ですから、たまに10時間くらい寝ることもあります）。

私は、今までの研究の結果、「日・月・火・水・木・金・土」の7種が人に元気を与えるらしいという結論を得てきました。

•日＝「太陽の光」
•月＝「月光」
•火＝「炎、燃えている火」
•水＝「水」（激しく動く水ほどエネルギーが強い。滝がいちばんで、温泉もよい）
•木＝「樹木、林、森の中」
•金＝「ゴールド」
•土＝「土」（整地より荒地。そこを裸足で歩く。砂丘や砂浜もよい）

こうした「自然」が、人に元気やパワー、エネルギーを与えているらしいのですが、最近、別の「パワーのルート」があることに気がつきました。

それは「人」です。**人は「人」によってパワーやエネルギーを充電されるらしいのです。**

「元気な人」「明るい人」「前向きな人」「向上心を常に持っている人」「今やっていることに自信を持っている人（しかも、うぬぼれたりせず、謙虚さを保ち続けている人）」「今まで積み重ねてきた体験をベースにした、深い魅力や奥行きが備わっている人」「ひとつのことを何年も、何十年もひたむきにやってきた人」などに会って話をうかがっていると、不思議と元気になり、何時間、何十時間、話を聞いていても疲れず、それどころか、どんどん「充電」される気がします。

「宿やお店は、もしかすると、従業員の『元気さ』がお客様を元気にしているのかもしれません。『元気』な人たちからは、『元気』をもらえるということです。

逆に、投げやりで無気力な人たちには、こちらの『元気』が吸い取られてしまう気がします。あの宿に泊まると、なんとなく『元気』になるとか、あるいは、あの宿に泊まるとシュンとして『元気』が出ずに帰ってくるとか、そんなことがありそうです」

私が宿のオーナーにこのような話をすると、オーナーは真顔になりました。

「うちの従業員は80名ほどですが、そこまでは行っていません。施設や設備はある程度のものをつくったので利用者から評価されていますが、従業員の『元気さ』や『明るさ』までは考えてきませんでした。『元気』や『笑顔』が当面の課題になりそうです」

もちろん、従業員だけの問題ではありません。従業員に「明るく、元気に振る舞うように」と呼びかけても、会社自体が楽しいもの、おもしろいものにならなければ、従業員の笑顔は実現しないでしょう。

同時に、会社が楽しく明るい雰囲気を心がけても、従業員一人ひとりが「元気」の大事さを理解し、実践しなければ、訪れたお客様をゲンナリさせ、「元気」を奪い取ってしまうでしょう。全員一致の「方向づけ」が必要なようです。

相手に分け与えることができる「人の気のエネルギーの源」＝「元」を、古くから「元気」と呼んでいたのかもしれません。

第6章

Magic of the Word "Arigato"

「喜ばれる存在」

041

努力では得られない「最後の1％」

私たちの人生の目的は、最終的には、「頼まれごとをして、喜ばれる存在になること」に尽きると思っています。

その目的に至るまでに「3×33％」、つまり「99％」の段階に到達する必要があるようなのです。

第1段階（33％までの段階）は、どんなことがあっても、「不平不満・愚痴・泣き言・悪口・文句」を言わないことです。

たとえば、コップに水が半分入っていたとします。このとき、「半分しかないじゃないか」ととらえると、それは、不幸で、不愉快な出来事になります。

しかし、「半分も残っていて嬉しい」「半分もあって幸せ」と「嬉しい」「楽しい」「幸せ」という概念を見出せるようになると、第2段階（66％までの成長段階）に到達します。

第3段階（99％の段階）は、「水がコップの中に半分ある」という現象に対して、「半分も残してくださって、ありがとう」と感謝できる段階です。

どうも、私たちは、すべての現象について、この「第3段階」で受け入れることを問われているようなのです。

どんなことがあっても、どんな事件に遭《あ》っても、どんな現象が起きても、それを99%まで受け入れる。病気も、事故も、災難も、すべてを「感謝の対象」として受け入れていくことが、私たちに与えられた課題らしいのです。

では、残りの「1%」はいったい何なのでしょうか。どうも、この「1%」は、自分の力で得られるものではないようです。

残りの「1%」とは「感謝される存在になる」ことらしいのです。

ある人が、「不平不満・愚痴・泣き言・悪口・文句」を口に出さなかったとします。そして、その人の口から出る言葉が、「嬉しい」「楽しい」「幸せ」「愛してる」「大好き」「ありがとう」「ツイている」といった、明るく笑顔になれる言葉だったとします(この7つの言葉を「七福神《しちふくじん》」ならぬ「祝福神《しゅくふくじん》」と呼んでいます)。どんなことがあっても、その人からは「不平不満・愚痴・泣き言・悪口・文句」は出てこないのですから、その人のそばにいると、あたたかくて、安らかな気持ちになることでしょう。

そればかりか、その人は、常に喜びや楽しさを見い出すことができるので、まわりにいる人にとっても、頼もしく、楽しい存在になる。ですから、その人のそばにはたくさんの人が集まってくると思います。

こうした状態（まわりの人を明るく楽しくする状態）を、「徳《とく》」と呼びます。

「カリスマ」という言葉は、「教祖」の意味として使われていますが、本来は「明るい方向性を示す人」のことではないでしょうか。暗闇の中で、「あそこに出口があるから、私はあそこに行くよ」と言ってくれる人を「カリスマ」と呼んだようです。つまり、「カリスマ」とは、「まわりに対して、明るい光を投げかける人」のことなのです。

私たちは、「第3段階」まで受け入れて、自分の人格を「99％」までは引き上げることができます。しかし、残りの「1％」は、努力しても得られるものではないらしい。

残りの「1％」は、「まわりから与えてもらうもの」「まわりが評価してくれるもの」です。それが「徳」というもののようです。

ですから、私たちは、自分の努力として「99％」までを考える。私たちが個人で目指すのは「99％」までで、大丈夫なのです。

042

投げかけたものが返ってくる、投げかけないものは返らない

2000年のお正月に、私は800枚ほどの年賀状をいただきました。その中に、数枚だけ「これは、もう読みたくないな」と思うものがありました。

この数枚の年賀状には、次のような言葉が散見されました。不況、暗い、先行き不透明、閉塞状況、高い失業率、悲惨な出来事、暗い出来事、嫌な出来事……。

このような言葉を組み合わせればどんな内容になるか、みなさんも、おおよそ想像がつくのではないでしょうか。

「世の中が暗い。悲惨な出来事や、暗い出来事ばかりが起きる時代である。こんな悲惨な状況だが、その中でもなんとかしなければならない。どうしたらこの暗い状況を打ち破ることができるか、模索中である。なんとか頑張りたい」

といった内容です。一応「希望」を感じさせる言葉で結んでありますが、社会分析の内容が「暗い」と私は感じました。

年賀状に書かれてある内容が「明るい話題」ではなく、読んだ人の気持ちが滅入るような内容だった場合、年賀状を受け取った人は、差出人と話をしたいという気持ち

にはならない気がします。私が把握した宇宙の原理原則の中に、
「投げかけたものが返ってくる。投げかけないものは返ってこない」「愛すれば愛される。愛さなければ愛されない」「嫌えば嫌われる。嫌わなければ嫌われない」「裁くものは裁かれる。裁かないものは裁かれない」
というものがあります。

宇宙は、「投げかけたものが返ってくる」のですから、その暗い年賀状を何百枚も送った人のところに「明るい人」は寄っていかなくなるでしょう。

年賀状は、「1年を祝うはじめの手紙」です。「世の中はこんなに暗い。こんなに閉塞感がある」と訴えかけている年賀状が、歓迎されるとは思えません。「暗い投げかけ」をする人のところに集まってくるのは、「暗い人」ばかりだと思います。

私たちは、「陰と陽」「光と闇」という対比をすることがあります。しかしよく考えてみると、「光」と「闇」が50対50の力を持っているわけではないことに気づきます。「光」と「闇」は等分の力を持っているわけではなく、じつは「光が100」で「闇がゼロ」なのです。支配力を持っているのは「光」であり、「闇」には、独立した力があ

るわけではありません。なぜなら、「闇」は「光があるときには存在できない」「光がなくなったときだけ存在できる」からです。

仮に、歩いていく先（世間や世の中）が「闇」だったとします（闇だと思っているだけで、実際には闇は存在していません）。その闇に向かっていく「私」が「光」であれば、光りはじめるでしょう。

世の中は、自分の「考え方」次第です。自分が暗いと思えば暗いでしょうし、明るいと思えば明るいし、楽しいと思えば楽しくなります。「私」の口からいつも「嬉しい」「楽しい」「幸せ」「愛してる」「大好き」「ありがとう」「ツイてる」が発せられ、笑顔とやさしさにあふれているとしたら、「私」にとって、世間が「闇」であったかどうかは問題ではないようです。「私」が歩いているところはすべて「光」になり、闇が存在しなくなるからです。こんな言葉を思いついたので、最後に書き添えておきます。

「世の中を　暗い暗いと嘆くより、
自ら光って　世の中照らそう」

043

「不幸だと思える出来事」に感謝できれば、「人生のポイント」を獲得できる

たとえば、１０００人の人がいたとして、そのうち９９０人が「それは不幸ですね。それは大変ですね。それは、おつらいでしょうね」と感想をもらす出来事があったとします。

その出来事を「９９０ポイントの出来事」と位置づけましょう。

そして、「９９０ポイントの出来事」に直面しても、「不平不満・愚痴・泣き言・悪口・文句」を言わないで我慢できたとき「９９０ポイント獲得した」と考えます。

さらに、「それは不幸ですね。それは大変ですね。それはおつらいでしょうね」と言われたことに対して、「いえ、感謝しています」と言えたなら、さらに同じポイント、この場合では「９９０ポイントが加算」され「合計１９８０ポイント獲得した」と考えるのが、「小林正観・理論」です。

「経営の神様」と呼ばれた松下《まつした》幸之助《こうのすけ》さんは、父親が米相場で失敗して以降、小学校を中退し、奉公《ほうこう》に出されたそうです。

兄弟を結核で次々に亡くし、松下さん自身も「肺せんカタル」を患ってしまいます。

お金も、家族も、健康も、学問もない状況に直面しながら、松下さんは決して絶望することはありませんでした。

それどころか、一般的には「不幸で、かわいそう」という状況に追い込まれても、「ワシは運が強い。ワシは運が強い。ワシほど運が強い人間はいない」と、ずっと言い続けていたそうです。

「学校に行かなかったから、わからないのが当たり前。だから人に尋ねることができた」「体が弱かったから、仕事を人に任せようと思った。その結果、人が育ち、会社が育った」ということを、松下さんは、おっしゃっていたそうです。現象はゼロで、その現象に対して評価をするのは「自分自身」です。

そして松下さんは、「ツイてる」ととらえた。その結果として、たくさんのポイントを獲得したのだと思います。

私は、「松下幸之助さんのポイントは、数兆ポイント（松下さんが生きているときの年間最高売上）までいったのではないか?」と思っています。

松下幸之助さんの実績は、このように論理的に説明できるようです。

一般的に「不幸だ」と考えられる出来事に、文句を言わない。そうするとポイントを獲得できるらしい。文句を言わないだけでなく、「感謝」できるようになると、さらに「同じポイント」が上乗せされるらしい。

この「方程式」がわかってしまうと、「不幸だと思える出来事」こそ、たくさんのポイントを獲得できるチャンスだということに気がつきます。

私には、知的障害を持った娘がいますが、毎日ニコニコ楽しそうに生きている彼女のおかげで、「人間は、努力したり頑張ったりする必要はなく、喜ばれる存在になることが目的なのだ」という、「幸せの本質論」に至ることができました。

知的障害児の親となれば、1000人のうち999人くらいの人から、「おつらいでしょうね、大変でしょうね」と言われることでしょう。

けれど私は、すべてを受け入れている（感謝している）ので、たくさんのポイントを獲得しているのかもしれません。

044

人生は、努力したり、頑張る必要はなく、ただ「頼まれごと」をやればいい

結論を言ってしまいますと、人生というのは、努力をしたり、頑張ったりする必要はないようです。ただ、「頼まれごと」があったらそれに対して、「はい、わかりました」と言ってやっていけばいいということです。

それがじつは、「ビジネス」ということ。「ビジネス」とは、忙しく頼まれごとをやっていくということです。

「結婚も頼まれごとなのですか？」と聞かれることがあります。本人が「頼まれた」と思ったら頼まれごとですし、「これは頼まれごとではない」と思ったら、頼まれごとではないのです。

江戸時代初期に、狩野探幽《かのうたんゆう》という画家がいました。狩野探幽が55歳のとき、8年間かけて描いた「八方にらみの龍」という天井画があります。どこから見ても龍と目が合うので「八方にらみの龍」と呼ばれています。

「龍」は、禅宗《ぜんしゅう》では非常に重要な守り神ですので、龍の絵を描くということは、大変、光栄なことであると同時に、大変な重責でもあったことでしょう。

探幽は、この絵を描き上げるまでに8年間かけていますが、最初の3年間は、筆を握っていないそうです。3年間、毎日お弁当を持っていって、朝から晩まで天井を見ていました。夜暗くなって天井が見えなくなると、しかたなく家に帰ったと聞きました。

狩野探幽にも、自分で描きたいものがあったのかもしれませんが、頼まれごとだけに8年間費やしています。普通の人なら、この8年の間に、迷いや葛藤があったりするでしょう。でも、「頼まれごとこそ、人生なんだ」ということがわかっていると、迷わなくなります。

おもしろいことに、人間の業績というのは、「頼まれごと」によって、全部決まってくるようです。

頼まれたことをやっていると、それが、人生の非常に大きな部分を占めていきます。

私たちは、人生というものは、「自分が努力をして、汗をかいて、自己達成目標を立てて、そこに向けて努力邁《まい》進《しん》することが目的である」と教え込まれてきました。私たちは、「競うこと」「比べること」「争うこと」が人間の価値を決めると教え込まれてきたのです。

しかし、戦うこと、争うことは、本筋ではないようです。頼まれたことを、淡々と、やればいい。

私が「き・く・あの思想」、すなわち「(き) 競わない」「(く) 比べない」「(あ) 争わない」を提案しているのは、「競わないこと」「比べないこと」「争わないこと」が、幸せになれる近道だと思えるからです。

045

どんな仕事でも楽しくこなせて、「よい結果」を出せる方法がある

ある自動車販売会社の営業部に、数年間トップの成績を続けている人がいました。彼を取材することになった記者が、「どうしたら、トップの成績を挙げられるのですか？」と質問したところ、「いいえ、私は何もしていません」という答えが返ってきました。

事実、彼はその日1日、新聞や雑誌を見たり、同僚とおしゃべりをして過ごしたそうです。

「表に見えていない何かがあるのではないか」と思った記者は、彼の周囲を取材することにしました。

その結果、以下のことがわかりました。

彼は、数百という数のお客様（お客様の家族）と、「親戚」のようなつき合いをしていたのです。

たとえば、「ある家の子どもが高校に入学した」ことがわかれば、花束やお祝いを届ける。年ごろの若者がいれば、お見合いの相手を探してきて、「偶然」を装って会わせる。体調不良を訴えているお年寄りには、病院を紹介する。お客様の誕生日や結婚記念日には、お祝いのカードを送る……。

彼は、お客様にとって「喜ばれる存在」になっていました。ですから多くの人が、彼とかかわりたいと思ったのです。

彼は、お客様の「主治医」のようになっていたので、お客様は、病気のこと、家族のこと、仕事のこと、何でも彼に相談できたのでしょう。当然、車についても相談しますから、その結果として、販売成績がトップになったのです。

おそらく彼は、車の販売に限らず、生命保険のセールスでも、青果店でも、鮮魚店でも、クリーニング店でも、何をやっても成功したと思います。

なぜなら、彼が売っていたのは「人間性」であり、人格で勝負していたからです。

彼が「成績のためにやっている」と考えていたら、このやり方は続かなかったかもしれません。お客様は、彼の下心を見抜いて、嫌悪感を覚えたはずです。

ですが、彼は本気で、本音で、自らの喜びで、一人ひとりのお客様とかかわってきたのではないでしょうか。

彼は、営業でも仕事でもなく、多くの人と「楽しくて幸せなおつき合い」をしていただけ、とも考えられるのです。

しかも、何百というお客様に対して、同じあたたかさ、同じ思いやりを持ち続けたところに、彼の優秀さがうかがえます。

「仕事が思うように進まない」と思ったときは、この事例を思い出してみてください。仕事の原点は、「一人ひとりを大切にすること」「ひとつ1つを大事にすること」です。そして、お客様を大事にしたうえで、今度は、自分が「嬉しい」「楽しい」と思えることをさらに上乗せしてみる。すると、お客様に喜ばれる存在になれると思います。

ある洋品店の経営者が「自分の趣味は釣りなので、釣り竿を店内に展示しよう」と考え、釣り竿に洋服をかけてディスプレイしたところ、売上が飛躍的に伸びたそうです。「楽しい」という気分は人に伝わるという好例です。

相手を大事にすることができれば、どんな仕事でも楽しくこなせて、しかもよい結果に結びつくのだと思います。

046

「自分が嫌い」という悩みを、一瞬で解決する方法がある

何人かで「生き方」「生きざま」について話をしているとき、それほどの話でもないのに、すぐに涙ぐんでしまう女性がいました。事情を聞いたら、「3日前に、つき合っていた男性と別れた」というのです。

さらに事情をうかがうと、その男性は何かの病気の後遺症を持っていて、年を重ねるにしたがって、その症状が重くなるのだそうです。彼女は、それをわかったうえで、彼と結婚するかを悩み、考えてきました。

そして結果的に、2人は別れることになりました。しかし彼女は、自分勝手なことをした気がして、自己嫌悪に陥りました。「心が晴れない」と言います。

「もう決めてしまったのですね?」と私は聞きました。

「はい。決めたんです」

「戻りたいのですか?」

「いいえ、戻りたいわけではないんです。ただ、自分がとても嫌な人間に思えて……」

「戻りたくて苦しんでいるのではなく、別れようと判断した自分に苦しんでいるということなんですね？」

「はい。すごく冷たかったんじゃないか、自分勝手だったんじゃないか、って」

「もう決めてしまったことであり、後戻りできないし、したくない。そこを出発点に考えましょうか」

「はい」

「じゃあ、この先、こういうふうに生きることにしませんか？『あのとき、彼と結婚していたほうが、ずっとラクだった』と思えるような、大変な人生を選ぶ」

この提案は、彼女をずいぶん驚かせたようでした。

「もっと大変って……」

「たとえば、これから勉強をし直して、医者や看護師を目指す……。大学に入り直して心理学を学び、カウンセラーやセラピストとして悩んでいる人の心を救う……。介護施設や障害者施設などの職員になり、一所懸命に仕事をする……。井戸の掘り方を勉強し、世界中の砂漠地帯に出かけていって、井戸を掘り続ける……。音楽を勉強して、『聴くだけで元気になり幸せになる』という曲を１０００曲つくる……。『見ただけで心が安らぎ平和な気分になる』という絵を1000枚描く……。もっと言いましょうか？」

彼女は明るく笑いました。

「もう大丈夫です、よくわかりました（笑）。それにしても、よくそんなに次々と思いつきますね」

「私自身が、『大変だろうな』と尊敬と敬意を持って見つめている仕事を挙げただけです。あなたも、そういう『大変なこと』を自分で背負い込んだらどうですか？　そうすれば、『あの人と結婚したほうが、ずっとラクだった』と思えるのではないですか？」

実際に彼女は、誰もが大変と思う仕事を選び、誰もが驚くほどの忍耐力と頑張りを見せました。その結果、「肉体的には大変だけれど、彼に対するうしろめたさや申し訳なさは消えた」ということです。自分で自分が許せないと思ったときは、より過酷な条件を自分に課してみる。そうすることで問題は解決します。

その結果、「宇宙（まわりにいる人）」が喜んでくれたとしたら、悩んだことが、むしろ「よかったこと」だと思えることでしょう。

047

人生には「テーマ」が必要。「テーマ」なしに生きるには、人生は長すぎる

人生には、「テーマ」が必要な気がします。**漫然とテーマなしに生きるには、人生は長すぎると思うのです。**

ただし、ここでいう「テーマ」とは、まわりから与えられた義務的なものを指し示しているわけではありません。学業や仕事などで、「これをしなければいけない」「しかたがないので、嫌々ながらやっている」と「must（ねばならない）」と考えている間は、ここで言う「テーマ」に当てはまりません。

「やらなくてもよいこと」を自分に課すこと。それが私の考える「テーマ」です。

ある有名な禅寺で、3泊4日の「座禅《ざぜん》体験会」があり、私の友人が参加しました。10人ほどが参加したそうです。質疑応答の時間に、ひとりの女性が、「いちばんつらい修行は何ですか？」と雲水《うんすい》（修行僧）たちに尋ねました。

すると、ひとりが進み出て、こう言ったそうです。

「他の方はわかりませんが、私自身のことをお話しします。冬になると、ここはとても寒いので、日が昇っていない明け方は、とくに寒さが厳しい。当番で朝の鐘《かね》をつくときは素足ですし、1回つくごとに石の上に座り礼拝をするので、肉体的には、これがいちばんつらいと思います。でも、本当につらいのは、そんなことではありません」

参加者は続きを聞きたくて、みな、身を乗り出したそうです。

「私たち修行僧には、掃除の当番が決められていて、ある人は廊下、ある人はお堂と、割り当てられています。しかし、その掃除をチェックしに来る人はいないんです。

廊下は丸1日使われないこともあるので、汚れていません。今日、掃除をしなくても、誰にも気づかれない。つまり、サボることも、怠けることも、手を抜くこともできるわけです。手を抜いたことが知られても、誰も、何も言いません。

私にとっていちばんつらいのは、立ち上がってくる『怠け心』『ごまかし心』と戦うことなのです。誰かが管理し、チェックする。できていないときは怒鳴ってくれる。そういうしくみやシステムがあったほうが、ずっとラクだと思います。

人間だから、怠けそうになる。『誰も見ていないから』と手を抜きそうになる。けれど仏は見ている。この心の葛藤との戦いが、自分にとって、もっともつらい修行です」

私はこの話を聞いて、「その雲水はすごい人だ」と、唸《うな》ってしまいました。なぜなら、「僧」としての「テーマ」を、自分なりに、強く、深く認識しているからです。

「しなくてもいい」という状況に置かれたとき、自分の意志で何をし続けるか。それこそが、人生の「テーマ」です。

「テーマ」にもいくつか種類があります。雲水の話は「あなたが今取り組むべき課題」であり、「短期のテーマ」と言えそうです。

「この人生をどう生きるか」「何を残していくか」は、「中期のテーマ」でしょう。

さらに、魂が何千回、何万回と生まれ変わって追い求めていく「長期のテーマ」も、一人ひとりにきっとあるはずです。

この「3つのテーマ」に気づくことが、私たちの人生を味わい深いものにしてくれるような気がします。

048

「プラス10倍の投げかけ」をすれば、人の役に立つことができる

私はもともと、のどが強くないらしく、長く話をすると、声がかれたり、咳き込んだりすることがあります。そのため、講演会でお話をさせていただくときには、主催者の方にお願いをして、マイクとスピーカーを用意していただきます。

あるとき、福岡でお話をした際、マイクが用意されていなかったことがありました。地声が大きい方なら問題はなかったと思うのですが、のどが弱い私には、負担がかかったのかもしれません。「10時間」以上、大きな声を出し続けた結果、翌日から、咳き込むようになってしまいました。


福岡での会を終えた私は、大分県の日田《ひた》市《し》まで移動しました。日田市で開催される集まりに参加するためです。

日田駅に到着すると、駅前に薬局が見えたので、私はのど飴と、のどの薬を買うことにしました。私がのど飴を探しているとき、自動ドアが開いて、ひとりの男性が入ってきました。この男性は、薬局のオーナー（薬剤師）だったのですが、私は「お客さんかな？」と思い、しゃがんだまま、薬を選んでいました。

するとその男性が、頭上から「のどの薬ですか?」と声をかけてきました。

「ええ、ちょっとのどがかれて、話すのに支障があるもので」と答えた私に、その「頭上の声」は、不思議な反応をしたのです。

「その声、どこかで聞いた覚えがある……。もしかしたら、小林正観さんですか?」

「えっ?」と思って、その男性の顔を見てみると、半年前に、長崎まで、わざわざ私の話を聞きに来てくださった方だったのです。


日田市での集まりが終わった翌日、この薬剤師の男性と話をする機会がありました。

すると、「薬局を続けるかどうか、迷っている」というのです。

理由をうかがうと、「薬が本当に人の役に立つものなのか、自信がなくなってきた。薬を売れば売るほど、人の体を壊しているのではないか、と思うようになった」そうです。

そこで私は、次のような提案をしました。

「体の不調や痛みを抱えている人に、『とりあえず』の対症療法として、薬を売ることは肯定してもいいのではありませんか？　もし、薬を売ることに罪悪感があるのなら、こうしてみるのはどうでしょう。

今までの薬剤師の仕事の『10倍』の量を『世のため、人のため、社会に貢献するため』に費やしてみるのです。そうすれば自信が持てるし、喜ばれる存在になれると思います。今までの仕事は、自分の人生の『10分の1』でしかなくなりますから、自己嫌悪や罪悪感はずいぶん薄くなるのではないでしょうか。

もちろん、今までの10倍のエネルギーを注いで生きるわけですから、肉体的に大変になるかもしれません。

でも、それができれば、あなたの悩みは解決すると思います。いかがですか？」

薬剤師の男性は、深く、深く、うなずきました。

私たちのやりとりを聞いていた別の男性が、ポツリとこんなことを言いました。

「いつでも、それが10分の1になってしまうような『プラス10倍の投げかけ』を考えて実行していれば、クヨクヨしたり、自分を責めたりしないですみますね」と。

私も、その通りだと思います。

第7章

Magic of the Word "Arigato"

「子ども」を伸ばす子育て

049

「母親に認めてもらっている」と実感している子どもは、自分の力を信じて、何度でも挑戦する

「人生の節目節目で体験した危機的な状況に際して、母ほど自分を認め、信じてくれた人はいない。それなくしては、決して発明家としてやっていけなかった気がする。母の記憶は神の祝福に等しいものである」

（『エジソンの言葉　ヒラメキのつくりかた』浜田和幸／大和書房より引用）


この言葉は、20世紀最大の発明家、トーマス・エジソンの言葉です。

エジソンにとって、母親の存在、そして、母親がしてくれたことは、とても大きなことだったようです。

では、エジソンの母親がしてくれたことは、どんなことだったのでしょうか。私の考えでは、次の「3つ」だったと思っています。

【1】誰がなんと言おうと、いつもエジソンが素晴らしい力を持っていると信じたこと
【2】そして、それを言葉や態度でエジソンに伝え続けたこと
【3】エジソンが興味を持った分野を尊重して、十分にやらせてあげたこと

エジソンは、学校の先生からも、父親からも、友だちからも、「ダメではないか、頭がおかしいのではないか」「変な子だ」と思われていたようです。

それでもエジソンが、「自分はダメだ」とも「自分は変だ」とも思い込まずにすんだのは、どんなときも息子の行動を理解し、持っている力を信じ、あたたかく励まし続けた母親のおかげだったのでしょう。

といっても、エジソンの母親は、エジソンの中に「発明家としての才能」を見い出していたから、「あなたには素晴らしい力がある」と励ましたのではないと思います。

また、ほかの子どもと比較をした結果として「あなたは優れている」と言ったのでもないと思います。

そういうことではなくて、「どんな子どもでも、もともと、素晴らしい力を持っている」というのが、子どもを見るときの大前提だったと思います。

比較の結果として、「ほかより優れているから素晴らしい」と認められたり、「これができたら、あなたはすごい」という条件付きでしか認めてもらっていない子どもは、誰かに追い抜かれたり、うまくできなかったときに「ああ、自分はダメなんだ。力がないんだ」と思い込んでしまうでしょう。

そうではなくて、「できても、できなくても、人に勝っても負けても、そんなことに関係なく、あなたはもともと素晴らしい力を持っている」というメッセージを子どもに伝えてあげる……。**「母親に認めてもらっている」と実感している子どもは、たとえうまくいかないことがあっても、自分の力を信じて、何度でも挑戦しようとしてくれるのではないでしょうか。**

自分に「自信」を持っていると、人生を簡単にあきらめたり投げ出したりしない人間に育っていくようです。

050

「相手の優れたところ」を見抜き、教えてあげることが、本当の教育である

吉田松陰《よしだしょういん》という人をご存じだと思います。山口県萩市《はぎし》の「松下村塾《しょうかそんじゅく》」で若者を教え、その教え子たちが「明治維新」を起こし、明治政府の要人になった、ということで広く名を知られる、傑出した人物です。

吉田松陰は、わずか29歳で刑死するのですが、彼が志士《しし》たちにどのような教育をしたのか、大変、興味の湧《わ》くところです。

松陰は23歳のとき、浦賀に来たアメリカ船に乗って渡米することを企てましたが、それが発覚し、捕らえられ、「野山の獄」に投獄されたそうです。

雑居房に入れられた松陰は、たくさんの「荒くれ者」たちと生活をともにすることになります。そこで松陰は、彼らにこういう提案をしたそうです。

「みなさんには、それぞれ特技があるのではないでしょうか。せっかくみんなが集まっているのですから、それを教え合うことにしませんか？」

書の上手な人には、「あなたは『書』が大変上手ですから、それをみなさんに教えてあげませんか」と声をかけ、その囚人を上座に座らせた。そして、みんなが「先生」

と呼んで敬《うやま》ったというのです。

俳句の上手な人がいれば、その人を「先生」と呼んでみんなで俳句を学び、和歌の上手な人がいれば、同じように「先生」と呼んで敬った、というのです。

松陰自身は「私は何の特技もないから」と言って、「孟子《もうし》」の教えについて講義したそうです。

生まれてからずっと、「乱暴者」として邪険にされてきた囚人たちは、生まれてはじめて「先生」と呼ばれ、上座に座らされ、尊敬される立場に置かれ、凶悪犯ですら感涙にむせんだ、といわれています。

松陰が「松下村塾」の生徒たちに行った教育というのは、「あなたは憂国《ゆうこく》の士として、日本一の者である」とか、「あなたの弁論は、素晴らしい説得力を持っている」というような感じで、一人ひとりの長所を見抜き、それを教えてあげることだったようです。

松陰は「誰でも、人にはよいところがある」と言い続けたそうですが、「人を見る目」の根底には、「天性のやさしさ」があったのでしょう。

しかも、松陰のすごいところは、それが「的外れ」ではなかったことです。松陰に長所を指摘された人間は、「たしかに自分にはそういうところがある」と思い、努力をしてそれを磨き、一人ひとりが素晴らしい人間に成長していったそうです。荒くれ者だった囚人たちも、出獄後は、まっとうに生きている人が多かったらしいのです。

松陰が行ったこのような「教育のしかた」「人の導き方」は、私たちに大きなことを教えてくれているような気がします。

まったくの余談になりますが、私たちは、人が集まったときに、「吉田松陰ごっこ」という遊びをすることがあります。交代でひとりずつ「先生」になって、「自分が他の人よりも詳しいこと」について、10～15分程度、説明をするのです。

魚の種類でも、ファッションでも、高山植物でも、星座でも、恐竜でもいいでしょう。その人（先生役の人）の趣味や特技、あるいは職業的に学んできたものを聞くのは、非常に楽しいものです。そして、「この人はこういう知識を持っていたのか」「この人はこの分野に詳しいんだ」ということがわかると、その人の奥深さがわかり、今まで以上に親しみを持って接することができるようになるのです。

みなさんにも、ぜひやってみることを、おすすめします。

051

神様が「ありがとうと言いたくなる現象」を、たくさん与えてくれる方法があるらしい

今、子どもを持っていない人でも、自分の子どものころを思い出していただければわかると思うのですが、親は子どもに、無償で、無限の愛情を注ぐのがほとんどです。見返りや報酬をいっさい期待しないで、子どものために尽くすように感じます。親と子の関係は、「本能」のようなもので、親が子どもに「してあげるだけ」の関係のように見えます。

でも、子どもが「親なら、子どものために何でもするのが当然だ」と思って態度に示すと、多くの親は、むなしさ、悲しさ、疲れを感じるようになるようです。

一方で、親が子どもに「何かをしてあげる」とき、子どもから「ありがとう」という言葉や「感謝の心」が返ってくると、むなしさ、悲しさは感じないようなのです。それどころか「もっとしてあげたい」という意欲が湧《わ》いてくるようです。

親と子のこうした関係は、じつは「神様と人間の関係」でもあるらしいのです。

もしかしたら、「親子関係」は、「神様と人間の関係の見本」として、私たちの生活

の中に組み込まれているのかもしれません。

地球上のすべての存在は、「他の存在から、喜ばれたい」という意志を持っているらしいのです。同様に神様も「万物に対して、喜ばれる存在でありたい」と願っているように思います。

ですから神様は、人間に対して、シャワーのごとく、好意や善意の雨を降らせているらしいのです。

神様は人間に対して、「ただひたすら与え続け、してあげるだけの存在」だったのではないでしょうか？

しかし、「人生は、自分の努力や才能によって成り立っている」と思っている人に対しては、神様は、人間の親と同じように、疲れやむなしさ、悲しさを感じているのかもしれません。

神様は、「私たち」に対して、何千、何万、何億、何兆も「与えてくださっている」のに、未熟な私たちは、それに気づいていないようなのです。

仮に私たち「子」が、「親と同じ立ち位置におられる神様」に対して「してくれて、ありがとう」と感謝の心を示すことができたら、神様は喜んで、「もっとしてあげよう」という気になるのではないかと思うのです。


どうも、「親と子の関係」は、「神様と人間の関係の見本」であるらしい。

神様の目から見たとすれば、私たち人間は、どんなに年を重ねても、経験を積み上げても、未熟な子どもに見えることでしょう。

では、圧倒的に「し続け」「与え続け」てくださる神様がいたとして、未熟な私たちにできることがあるとしたら、何でしょうか？

それは「してくれるのが当然だ」と思わないで、「ありがとう」と感謝することではないかと思うのです。

心を込めなくてもいい。早口で言ってもいい。ただひたすら、「不平不満・愚痴・泣き言・悪口・文句」を言わずに、笑顔を心がけ、「ありがとう」を言い続ける。

そうすれば神様は、「『ありがとう』と言いたくなる現象」を、たくさん与え続けてくれるようなのです。

052

「この子は、この子のままでいい」と丸ごと受け入れることが、子育ての本質

体に障害のある子どもを持つ母親から、次のような悩みを打ち明けられたことがあります。

「私の子どもは障害を持っているのですが、昨年、気功や民間療法などの治療のおかげで、とてもよい方向に向かい、喜んでいました。

ところが今年になってから急に悪くなってしまったんです。以前よりも悪くなった感じで、とてもつらく悲しい思いをしています。この子のために、私はどうすればいいのでしょうか？」

子どもが健常児に近づいたら嬉しくなって、健常児から遠ざかったら落ち込むというのは、この母親が「子どもを丸ごと全部、受け入れていない」からだと感じました。「こうあってほしい」「こうあってほしくない」と思っている間は、この母親の苦悩はずっと続くと思います。

子育ての本質論は、「この子がどのような状態であろうと、100%全部受け入れる」ことではないでしょうか。

「体調がよくなっても、悪くなってもいい。あなたが目の前にいてくれれば、それでいい。私はあなたをそのまま受け入れる」と思うことができたら、子どもの病状によって一喜一憂《いっきいちゆう》することがなくなるのだと思います。

目の前に起きている現象は、どんなことも受け入れて（感謝して）、「不平不満・愚痴・泣き言・悪口・文句」を言わないことが、幸せを感じるためのスタートラインなのだと思います。

目の前から嫌なことがなくなったから言わなくなるのではなくて、自分が「嫌だな」「思い通りにいかないな」と思っていることも、全部、含めたうえで、「不平不満・愚痴・泣き言・悪口・文句」を言わないようにしないと、起きてきた現象に対して、受け入れられません。

私にも、障害を持った子どもがいます。

ですが私は、この子に対して「こっちに行ったら嬉しくて、こっちに行ったら悲しい」「自分の思い通りになったら嬉しくて、思い通りにならないと苦しい」という気持ちは持っていません。

「この子は、この子のままでいい」と、そう思っています。目の前の現象に関して「こういうことは楽しいと思うけれど、こういうことは嫌なことだと思う」と考えている限り、いつまで経っても幸せはやってこないと思います。どういう現象が起きても、それを、すべて受け入れることが本当の幸せです。

子どもが「自分の思い通りになったら喜ぶ」「思い通りにならなかったら悲しむ」としたら、それは子どもを認めていないし、受け入れていないことになると思います。

「この子は、この子のままでいい」と全部受け入れた瞬間に、子育ての悩みはなくなるのではないでしょうか？ **「これがいい」「これが嫌だ」ではなくて、起きていることを全部受け入れた瞬間に、神様は「あなたは、わかったのですね」と言って、ニッコリ微笑んでくださるのだと思います**。するとその瞬間に、あなたは、「自分は、すでに神の国の住人であった」ことに気づくことができるのだと思います。

人生は、それをわからせることが目的で存在しているのではないでしょうか。

053

子どもに何かを伝えるときは、叱る必要はない

「漫画の神様」と呼ばれた手《て》塚《づか》治《おさ》虫《む》の母親は、子どもに何かを伝えるときに、「押しつける」のではなく、「楽しさとセット」にして伝えていたそうです。**叱ったり、命令したりすることによって親の言うことを聞かせるのではなく、子どもの中に「よし、やってみよう」という気持ちを起こさせる伝え方をしていたといいます。**

その一例として、子どもが薬を塗ることを嫌がったときに、手塚治虫の母親がとった方法を紹介します。当時「エキホス」という風邪薬がありました。手塚治虫は、「エキホス」のニオイが苦手で、つけるのを嫌がったそうです。

母親は、「こんなことぐらい我慢しなさい」「ちゃんとつけなさい！」と叱ったりせず、「『エキホス』を主人公にした物語を創作して、聞かせた」というのです。

「このエキホスは、いつものと違って、特別のエキホスなのよ。このエキホスには不思議なお話があるの」と、エキホスのストーリーをつくって、「このビンはエキホスの王様で、これを塗った子どもは、風邪が治ったのよ」と治虫に語りかけたというのです。

「早く用意しなさい」「ちゃんと片付けなさい」「いつも言っているでしょう」……と、つい子どもを叱ってしまう大人が、大勢いるのではないでしょうか。

「きつく言わないとやらないから」「何度でも同じことを言わせるから」叱るのかもしれませんが、「叱らないと、子どもはやらない」という考えは、大人の思い込みなのかもしれません。

子どもの側にも、「やらない（やれない）理由」があるはずです。だとすれば、その理由を考慮したり解決したりすれば、叱らなくてもやるようになると思うのです。そうした工夫をしないで子どもを叱りつけるのは、大人の怠慢、傲慢《ごうまん》かもしれません。

また、手塚治虫は、小学生のころ、イジメられっ子だったそうですが、毎日毎日イジメられて帰ってくる治虫に対し、母親は、「我慢なさいね」というようなことをやさしく言ったそうなのです。当時は、「男は男らしく」の世の中でしたが、それでも母親は、「男のくせに情けない」「そんなことで泣いてはいけません」とは言わず、手塚治虫のつらかった気持ちを受け止めたのでしょう。後年、手塚治虫は、「母親から我慢することを教わった」と語ったといいます。

母親が言った「我慢なさいね」という言葉からは、「あなたの気持ちはわかるよ」というメッセージが込められている気がします。母親に受け止められた子どもは、ひとりぼっちのさみしさから抜け出し、心が救われるはずなのです。

①「そんなことでは、ダメなのよ。（だから）我慢しましょうね」
②「つらかったね。わかるよ。（そして）我慢しましょうね」

この2つの表現は、どちらも「我慢すること」を教えていますが、①は泣いた自分を否定されているように感じるため、子どもは「弱虫なんだ。ダメなんだ」と自分を責めてしまいがちです。ですが、②のように自分を受け止めてくれたあとで、「我慢をしましょうね」と伝えられたら、子どもは自分を責めずにすむと思うのです。

「言われたときだけできる」のではなくて、その後の人生の中で「いつでもできる」ようになる教えというのは、手塚治虫の母親のように「子どもをやさしく包んで伝える教え」なのではないでしょうか？　子どもに何かを伝えるときは、厳しく叱る必要はないのかもしれません。

054

子どもにとっていちばん嬉しいのは、「母親がイキイキ幸せそうにしている」こと

仏教には、「大乗仏教《だいじょうぶっきょう》」と「小乗仏教《しょうじょうぶっきょう》（上座部仏教《じょうざぶぶっきょう》）」があります。大乗仏教とは、「大きな乗り物」を意味していて、「困っている人、苦しんでいる人をたくさん乗せて、彼岸《ひがん》に行きましょう」という考え方です。

一方、小乗仏教は、「小さな乗り物」の意味で、「自分が悟《さと》ればそれでよし」という考え方です。

私はこれまで、たくさんの相談を受けてきましたが、相談者の98％は、「自分以外のこと」で悩んでいるようです。

「自分が今、こういう状態で困っている」といった悩みではなく、「妻がこうだ」「夫がこうだ」「子どもがこうだ」「上司がこうだ」「部下がこうだ」……、という「自分の外側にいる人」の悩みや、苦しみや、矛盾をかき集めているように思います。

基本的なことを言うと、私たちにできることは、「自分が笑顔になること」「自分が太陽になること」だけだと思います。自分の外側にいる人の悩みは、自分のことではないのですから、解決できなくて当たり前なのです。

ですから、「まず自分が、明るく、幸せになりましょう」というのが私の提案です。自分が、明るく素直に生きていれば、結果としてまわりにもいい影響を与える可能性があると思います。

私は、小乗仏教的に生きています。自分は何も背負っていないし、世の中を変えようとも思っていません。ただ、自分が、明るく、幸せになれるように実践しているだけなのです。

あなた自身が、笑顔の素敵な「太陽のような人」になって、ひたすら幸せな光を投げかけていけば、まわりの氷は、自然と溶けていくでしょう。そういう溶かし方を取り入れてみませんか？

たとえば、今まで不登校の子どものことで悩んでいた母親が、ある日突然、「ヨガだ、テニスだ、フラダンスだ」と、にこやかで楽しそうな毎日を送るようになったら、子どもはどう感じるでしょう？「いったいお母さんに何が起こったのだろう？　どうしたらお母さんみたいに楽しくなれるのだろう」と不思議がるのではないでしょうか。

そして、母親を手本にして、「お母さんみたいな生き方のほうが楽しそうだな」と思うかもしれません。

もともと、親にも学校の先生にも、子どもを育てる能力はないと私は思っています。「子育て」というのは、「ただ自分の生き方を、手本として子どもに見せること」だと思うのです。

子どものことを気に病んでばかりで、いつも暗い顔をして笑顔がなかったら、子どもは、そんな母親を真似しようとは思わないでしょう。

本当に子どものことを考えるのなら、早く自立させてあげることが大切だと思います。それには、子どものことを心配して気にしている親が、まず「気にならない親」になることです。ただひたすら、「自分の人生」を幸せに生きる。「子どもの面倒を見る人生」から、「自分の面倒を見る人生」に変わる。**子どもにとっていちばん嬉しいのは「母親が、いつもイキイキして幸せそうにしていること」だと思います。**

おもしろいことに、母親が自分の心が喜ぶ生き方をしていると、あれほど気になっていた子どものことも、やさしい気持ちで見守られるようになっていくようなのです。

055

「飛び立ちたい」という子どもがいたら、手放してやるのが親の役目

「子育て」というのは「弓を引いて矢を放つこと」に似ていると思います。

弓をほんの少し引いただけなら、矢はほんの少ししか飛びません。

一方、十分に弓を引くと、矢は思い切り遠くに飛んでいくことができます。また、引いた弓を離さなければ（手を離さなければ）、矢は飛んでいくことができません。

「親が弓を引く期間」が、「子どもが飛び立つ準備をする期間」なのです。

その期間に、親が子どもにしてあげられることは、子どもに十分な愛情を注ぐことでしょう。**手放したあとに、「あれもやってあげればよかった、これもやってあげればよかった」と後悔しなくていいように、慈《いつく》しんで育てることだと思います。**

そして「矢を放つ」ときがきたら、いつまでも矢を握っていないで、思い切って手放してあげることです。

そうすると、母親の愛情を受けた子どもは、自分の力で飛び立って行くでしょう。

この「手放す」ことが、意外に難しいようです。みなさんの子育てはどうでしょう？

（どうだったでしょう？）

「矢を放つ前の愛情」は、後悔しないほど十分に注いでいるでしょうか？
そして矢を引いたまま、握ってはいないでしょうか？

「慶應義塾《けいおうぎじゅく》」の創立者として知られる福沢諭吉《ふくざわゆきち》は、母親が「弓をしっかり引いて、手放した」おかげで、自分の進みたい方向に飛び立つことができたのだと思います。

大阪の「適塾《てきじゅく》」（緒方洪庵《おがたこうあん》が開いた塾）で学んでいた諭吉は、兄（福沢家の長男）の病死により家督《かとく》を継ぐことになり、中津藩《なかつはん》の藩士として城門の警備の務めをしました。

けれど心の中では、「大阪に戻って蘭学《らんがく》の勉強を続けたい」と思っていたそうです。

周囲から「家督を相続した以上は、奉公《ほうこう》第一に務めるのが武士である。オランダの学問をしたいとは、何たることだ」と叱られた諭吉は、それでもあきらめきれず、「蘭学を学びたい。どうか私を大阪に行かせてください」と、母親に自分の気持ちを打ち明けたといいます。

諭吉の思いを知った母親は、こう言ったそうです。

「そこまで蘭学の勉強がしたいなら、大阪に行ってきたらいい」

当時の中津の「封建社会」のことを思うと、福沢家に「嫁」に来た立場の母親が、この申し出を認めることはすごいことだと思います。そんなことを許したら、母親も、親戚や藩内で何を言われるかわからないと思います。

諭吉はその後、再び大阪に戻って蘭学を学び、「適塾」の塾頭になります（塾頭になれるのはもっとも実力がある学生）。そして、その力を見込まれて江戸の中津藩邸で塾を開くことになり、この塾がのちの「慶應義塾」になったのです。

諭吉の母親は、諭吉が幼いころからその言動を理解し、慈しんで育ててきたのでしょう。そして、わが子の「飛び立ちたい」という意志を認め、気持ちよく手放したのだと思います。

子どもがどんな力を秘めているか、親にさえ計り知れません。

「飛び立ちたい」という子どもがいたら、あれこれ評価するのではなく、諭吉の母親のように、「どうぞ、飛び立って行きなさい」と手放してやれるだけの度量を持ってみてはいかがでしょうか？

第8章

Magic of the Word "Arigato"

悪口・戦う・否定をしない

056

「人生」＝「自分が主人公の映画」と思えれば、どんな事件も楽しめる

テレビがなかった時代につくられた映画より、現代の映画は、よりスペクタクルに、よりスリリングに、よりドラマチックになっている気がします。

ところが、私たちの身近には、「もっと楽しく、ドラマチックで、スリリングで、ダイナミックな映画」が存在しています。

その映画は、ストーリーが波瀾万丈《はらんばんじょう》で、次から次に事件や出来事が起きて、ラストシーンの予測がつきません。登場人物は、一人ひとりがじつに個性的で、おもしろく、楽しい人たちばかりです。

さらに、その映画は、フルカラーの「立体映画」です。湯気の立ったおいしそうなコーヒーを飲むこともできるし、みずみずしいフルーツを手に取って食べることもできる。美しい山を登ることも、美しい海を泳ぐこともできます。

映画の主演も、監督も、シナリオ（脚本）も、すべて「自分」です。

映画のタイトルは『わが人生』。

鑑賞料金は、「無料」です。

この映画は、長編映画で、「自分」の寿命が尽きるまで展開します。もし、寿命が90歳だとするならば、30歳の人はあと60年、40歳の人はあと50年、50歳の人はあと40年続きます。

眠るとき、「今日の分」の上映が終わります。目を閉じると「続く」と出て、翌朝、目を覚ますと「続き」がはじまります。

この刺激的で楽しい映画を、さらに楽しくする方法があります。その方法は、「不平不満・愚痴・泣き言・悪口・文句を言わないこと」です。

「偶然」の出来事も、じつは偶然ではないらしい。自分が生まれる前に、「自分でシナリオを書いてきている」ようです。

目の前の出来事に納得できなくても、「自分の書いたシナリオ」である以上、誰かを恨んだり、呪ったり、感情的になるのは筋違いだとわかります。

「不平不満・愚痴・泣き言・悪口・文句」の5つを、私は「5つの戒め」として「五《ご》戒《かい》」と呼んでいますが、「五戒」を口にしないで3カ月から6カ月すると（個人差があるようです）、宇宙から「これをしてください」という提示が届くようです。

この宇宙の提示を素直に受け入れるようにすると、映画『わが人生』は、これまで以上にダイナミックに、楽しく、急展開をはじめるらしいのです。今までの自分の映画には登場していなかった、不思議で、魅力的で、ミステリアスな人たちが次々とあらわれるようです（急展開もじつはシナリオ通りなのですが……）。

この急展開を拒否しないで受け入れていくと、肉体的にはきつく、忙しくなるのですが、悩んだり苦しんだり迷ったりすることがほとんどないため、毎日がワクワクの連続です。

そして、「今日はどんな人があらわれるだろう」「今日はどんな事件が起きるだろう」と楽しんでいるうちに、いつの間にか、社会の中で、ある種の「役割」をこなしはじめている自分に気づくようになります。

優秀なシナリオライターであれば、後半の人生は、もっと劇的でもっとおもしろいストーリーを用意しているはずです。

物事を「好きだ」「嫌いだ」で判断しないで「宇宙の提示」に乗るようにすると、楽しくて素晴らしい「40年映画」「50年映画」「60年映画」が展開しはじめるようです。

057

本当に強い人とは、戦わない人

漬物の「たくあん」を考案したとされる「沢庵宗彭《たくあんそうほう》」という僧侶（沢庵和尚《おしょう》）がいました。

沢庵は、小説『宮本武蔵《みやもとむさし》』（吉川英治）では、フィクション上の設定として、宮本武蔵の「精神的な師匠」ということになっています（史実においては、武蔵と沢庵和尚の間に接触があったという記録はないようです）。小説の中で、武蔵は何か問題に突き当たるたびに沢庵の教えを受け、いろいろなことを発見し、学び、成長していきます。

宮本武蔵については、いろいろな人が武蔵を題材に「フィクション」を書いています。これも、ある人から聞いた寓話《ぐうわ》なのですが、非常に面白いので紹介します。

沢庵は、東海寺の開山《かいさん》（初代の住職）です。ある日、武蔵が東海寺を訪れたときのこと。武蔵が境内に足を踏み入れたとたん、エサをついばんでいた鳩が、一斉に飛び立ちました。

その様子を見ていた沢庵は、武蔵にこう言ったといいます。

「何を修行してきたのだ？　修行が足りない」

それを聞いた武蔵は、「たくさんの武芸者を打ち負かし、私は強くなった。相当な修行を積んだのに、何を言うか」と反論したそうです。

沢庵は、「そうか、それほど強くなったと言うのなら、おまえの腕を試してやろう」と言って、武蔵を裏山に連れて行きます。

沢庵和尚は、糸を取り出し、それを木の枝と枝の間にピンと張って両端を結びつけました。そして、「武蔵よ、この糸が切れるか」と言います。武蔵は、「こんな糸くらい、いくらでも切れる」と、真剣を一振り。簡単に、その糸は切れたそうです。

そして武蔵は、「こんな糸なら、誰にでも切れる」と傲然《ごうぜん》と言ったそうです。

すると沢庵和尚はニヤッと笑い、「そうか、武蔵。糸ぐらいは簡単に切れるのだな。では今度は、これを切ってみよ」と言って、今度は糸の両端は結ばず、木の枝と枝に糸をただ載せるだけにしたのです。

真剣を抜いた武蔵は、何回も、何十回も振り下ろしましたが、結びつけられていない糸は、だらりと垂れるばかりで、切ることはできませんでした。汗だくになった武蔵に向かって、沢庵は言います。「武蔵、本当の強さがわかったか」と。武蔵はじっと考えたあと「修行をしてくる」と言って東海寺を去ったというのです。

数年後、武蔵は、東海寺を訪れます。境内に足を踏み入れたとき、今度は、鳩は一羽も飛び立ちませんでした。歩いている足下にいながら、そのまま黙々とエサを食べていました。沢庵はそれを見て「武蔵、だいぶ修行をしてきたな」と言ったそうです。


武蔵は、後年、兵法《ひょうほう》の極意を『五輪書《ごりんのしょ》』としてまとめていますが、剣術の奥義に達した武蔵が悟《さと》ったのは「本当に強い者は、戦わない」ということでした。


事前に危険を察知できたのであれば、それを避けて通ること。あえてその中に身を投じる必要はない……。それが本当の優れた武将・武芸者の選ぶ道である。後年の武蔵が達したのは、「戦わない」＝「最強」という心境だったようです。

戦い続けて、次々に相手を打ち負かしていく。そういう人を私たちは「強い」と呼んできました。

しかし、「本当の強さ」というのは、目に見えて戦ったり、争ったりしないように、「事前に笑顔で回避し、解決していくこと」ではないでしょうか。

058

人生は「楽しむため」に存在する

「人生は修行の場である」

「修行することが目的である以上、人生には苦しみや悲しみが多くて当然だ」

「人生は、つらく悲しいものの集積である」

と考える人がいます。

「目の前の出来事はすべて『修行』のために存在している。悩みがあるのは当たり前だ。だからこそ、立ち向かったり、我慢や忍耐をしたり、乗り越えたりしなければいけない」

そう考えることで、もしあなた自身の生き方がラクになるのであれば、「人生＝修行」ととらえても、別にかまわないでしょう。

ただ、「宇宙の構造」は違うらしいのです。**人生は「修行の場」として設定されているわけではないようです。**

人生は、「修行の場」でないとしたら、何でしょうか?

人生は、「喜ばれるための場」であり、「感謝をするための場」であり、なによりも、「楽しむため」に存在しているようなのです。

「人生は苦しみに満ちていると、悲嘆にくれてばかりの人」や、「不平不満・愚痴・泣き言・悪口・文句ばかりの人」に比べれば、人生を「修行の場」と位置づけ、「乗り越えていくしかない」「我慢するしかない」と考えている人のほうが、まだ一歩も二歩も前進していると思います。

でも、それではまだ、「途中の段階」。

私たちが「肉体を持ってこの世に生まれてきた理由」は、「人生を楽しむため」にほかならないと思います。

現象はすべて「ゼロ（中立）」のようです。どのようにとらえるかは、結局のところ、あなた次第だと思います。

「第13回ヴァン・クライバーン国際ピアノ・コンクール」で優勝した（日本人初）ピアニストの辻井伸行《つじいのぶゆき》さんは、「全盲」という視覚障害を持っています。

けれど辻井さんは、「今までつらいと思ったことはなく、楽しくピアノを弾いてきた」（読売新聞２００９年6月11日より引用）と受賞後の記者会見で話しています。

目の前の出来事を「修行のために存在する」ととらえ、「だから耐えなければいけない」と意気込むのもかまいません。

けれどももし、「人生は楽しむためにある」と認識することでラクになるのであれば、そのようにとらえてもよいと思います。

059

目の前にいる一人ひとりが、自分の寛容度・許容度を上げてくれる大切な人

自分にストレスを与える人（もの）、ストレスを感じさせる人（もの）、を「ストレッサー」といいます。

では、「自分にストレスを与えるもの」がはたして地球上に存在しているのかというと、じつは、存在していないようです。

ある現象が目の前を通り過ぎたとします。その現象について、「私」が何も感じなければ、その現象は、私にとって何の関係もない出来事です。

一方、目の前の現象について「私」がイライラすると、その瞬間に、ストレッサーになります。

ということは、「私」がストレスを感じなければ、ストレッサーは存在しないことになります。

ストレスを与えるもの、こと、人が存在するわけではなく、「私」がストレスを感じたときに、はじめてストレッサーが生まれるのです。

「私」の寛容度・許容度が「9」だったとき、ストレッサー度「10」の人が目の前を通り過ぎたとします。その人は、「私」の寛容度・許容度を上回っていますから、当然、「私」はストレスを感じます。

しかし、「私」が寛容度・許容度を「20」持っていれば、ストレッサー度「10」の人を見ても、気になりません。

「私」が寛容度・許容度を「20」持っていたとしても、ストレッサー度「30」の人があらわれた場合は、イライラしてしまいます。

ですが、ストレッサー度「30」の人があらわれる前に、「私」の寛容度・許容度を「40」に上げておけば、「30」の人を黙って、笑顔で、見送ることができるでしょう。

つまり、ストレッサーとストレスを感じる「私」との関係は、「相手のストレッサー度」対「『私』の寛容度・許容度」の問題であることに気づきます。

ストレッサー度が高い人はいますから、そのような人があらわれてもイライラしないように、普段から寛容度・許容度を上げておくことが大切なのです。

では、どうすれば「私」の寛容度・許容度を上げることができるのでしょうか。寛容度・許容度を上げるためには、どのような「修行」をすればいいのでしょうか？

じつは私たちは、寛容度・許容度を上げるための「修行の場所」をすでに持っています。

その修行の場所を「日常生活」と呼びます。

24時間365日が、丸ごと「修行」の場なのです。

修行の相手は、妻、夫、子ども、親、兄弟、上司、部下、先輩、後輩、友人、知人といった、ありとあらゆる人、もの、ことです。

私たちは、こうした人たちを相手に、寛容度・許容度を上げるための「修行」をさせていただいているようです。

そう考えることができたら、「私」の寛容度・許容度を上げさせてくれる相手に、思わず頭が下がり、手を合わせたくなるのではないでしょうか。

060

1％の嫌なことのために、99％を敵にしてはもったいない

ある宿に、「お風呂は夜11時までに入ってください」と書かれた貼り紙がありました。これより強い言い方をすると、「夜11時以降の入浴禁止」となり、柔らかい言い方をすると、「お風呂は夜11時までご利用いただけます」となります。

3つとも伝えたい内容は同じで、「夜11時まで入浴可能」ということです。ですが、「夜11時以降の入浴禁止」と書いてあると、不快感を覚える人もいるでしょう。「お風呂は夜11時までに入ってください」はもっともよく見かける文言ですが、「命令的」であることは同じです。事務的で冷たく、あたたかさを感じません。

「お風呂は夜11時までご利用いただけます」となると、不快どころか、「そうか、夜11時までは、まだ入れるんだ」と、なんとなく得した気分になります。

「単なる言葉遣いの違いにすぎず、たいしたことではない」と思われるかもしれませんが、私の考えは少し違います。**その言葉の中に「泊まってくださってありがとう」という気持ちが含まれていれば、「夜11時以降の入浴禁止」とも、「お風呂は夜11時までに入ってください」とも書きにくいような気がするのです。**

ある有名観光地で、ある食堂に入ったときのことです。満員になれば30人ほど入れるお店に、20人ほどのお客様がいました。お店に入ったとき、私は不思議な気がしました。店内がシーンと静まり、誰も、何も話していないのです。

メニューを見て、さらに驚きました。次のような断り書きがあったからです。「ここは食堂です。おしゃべりをしたい人は、喫茶店に行ってください。食べ終わったら、すぐに席を空けてください。無駄なおしゃべりはお断りします。店とトラブルが生じた場合は、すべてお客様の責任とし、5割増し料金をいただきます」

シーンとしている理由がわかりました。この店に入ったお客様は「おしゃべりはお断り」だから黙っているのではなく、不快感を我慢していたのだと思います。

誰もが「こんなお店には、二度と来ない」と思ったはずです。けれど、このお店は有名観光地にあり、何も知らない観光客が次々にやってきます。ですからお客様の再訪がなくてもやっていけたのでしょう。このお店に、過去「嫌なお客様」が来たことがあったのだと思います。食べ終わっているのに長話をし続けたお客様がいた。腹を立てた店主はこうしたお客様をお断りするために「断り書き」をつくったのでしょう。

ですが、そういう「嫌なお客様」と、「善良で常識的なお客様」では、後者のほうが圧倒的に多いはずです。おそらく、店主が我慢できないほど長居をするお客様は「1％くらい」で、1000人のうち、10人いるかいないか、だと思います。

それなのに、店主は断り書きを用意し、1％の「嫌なお客様」に対する敵意を99％の「善良なお客様」にも向けていたのです。私は「もったいない」と思いました。1％（一事）のために、99％（万事）を敵にしているのがこのお店の姿なのです。

「一事が万事（ひとつの行動がその人の行動のすべてを示しているので、それを見抜きなさいという意味）」に似せて言うなら、「一事で万事」。

ちょっとした小さな出来事（嫌なこと）をもとに、社会全体に対して恨み憎しみを持ち、「あたたかい人」や「親切な人」にまで敵意にあふれた態度を取ってしまう……。

わずかな「嫌なこと」を前提に、日常生活の態度を決めると、自分にとって大事な人に対しても、警戒的、攻撃的、戦闘的な態度を取ることになってしまいます。

「嫌なこと」も、受け入れる。「夜11時以降の入浴禁止」ではなく、「お風呂は夜11時までご利用いただけます」と書けるようなあたたかい心が持てたら……、と思います。

061

多くの勉強をしても、それを「実践」しなければ、何も知らないのと一緒

「本当の自分は、別の人格を持っているはずだ」という信念を持って、「自分探し」を続けている人がいます。「本当の自分はどこか別にあるはずで、誰かがそれを教えてくれる」と信じて、あちこちで開かれる講演会やセミナーに参加し、「勉強」を続けているのです。

「もっと自分を向上させたい」という気持ちはよくわかりますが、「自分探しの旅」に力を入れすぎると、それで気が済んでしまい、いちばん大切な「実践」がおろそかになる可能性があります。

ある人（Aさん）が私に、「こんなものがあります」と言って、たくさんのものを見せてくれました。絵、カード、ペンダント、水晶、陶器など、20種類くらいあったでしょうか。Aさんは、それだけのものをカバンの中に詰めて、いつも持ち歩いているのだそうです。

また、Aさんはセミナーに参加するのも好きで「あの人のセミナーを受けたことがある」「あの人の講演を聞いたことがある」とたくさんの講師の名前を口に出しました。

Aさんが私たちの集まりに参加したとき、参加者のひとり（Bさん）の発言が気に入らなかったらしく、私にこう言いました。

「Bさんが参加する以上、私はもう、この集まりには参加しません」

ようするに、「自分を参加させたければ、あの人を参加させないでほしい」と言いたかったようです。人格上の勉強や研鑽《けんさん》を積んできた人の発言としては、あまり歓迎できるものではありません。たくさんの勉強をしてきた人の口から、そのような言葉が出てきたのは、とても意外なことでした。

多くの勉強をしても、その勉強が「日常の行動」につながっていなければ、それは意味がないことだと私は思います。

多くの人から多くのことを聞き、多くを学んだ結果として、「常に、人を憎まず、恨まず、呪わず、誰に対しても同じ態度で接すること」が、日常の実践なのではないでしょうか。

「あの人が来る限り、自分は絶対に行かない。だからもし、自分を参加させたいと思うなら、あの人を参加させないで」という考えは、かなり傲慢《ごうまん》だと思います。

たくさんの本を読み、たくさんの講演会やセミナーに参加すると、「自分が成長し、向上した」ように思ってしまうことがあります。

しかし、本を読んでも、人の話を聞いても、それだけで成長することにはならない気がします。学んだことを自分の日常生活の中に取り入れ、「実践」すること。それが「向上する」「成長する」ということです。


どんなによい話を知っていても、それを行動に移さなければ（実践しなければ）、何も知らないのと一緒だ、というのが私の考え方です。


「自分探し」をして、多くの会に参加したり、人の話を聞いて勉強することは悪いことではありません。

けれど、そこで安心しないこと。安住しないこと。それがとても大切です。

私たちが「何のためにそのような勉強をするのか」というと、結局は「実践するため」ということ……、に尽きるのではないでしょうか。

062

「つらい」と思うから「つらい」のであって、「つらいという現象」が存在するわけではない

ある力士が、14勝1敗で優勝決定戦に臨みました。その日の夜に講演会があったのですが、2次会で、ある人がマイクを持ってこう言いました。

「正観さんは、『努力や頑張りはいらない』と言いますが、この力士は、3年か4年前に大関から陥落して、ものすごい苦労の結果、今場所は14勝1敗までこぎつけました。そして、また次の場所は大関に挑戦できるかもしれません。

その苦労話をNHKのアナウンサーが、しゃべっているのを聞いて、私は思わず泣いてしまいました。努力や頑張りというのは、すごくよいことだと思ったからです。そういうものが、世の中には、あるのではないでしょうか？」

それを聞いて、私はこう言いました。

「そういう苦労話に感動するあなたの心を否定はしません。そうやって、あなたが感動して泣くというのも、否定はしません。でも、『宇宙には、こんなに悲しい話があるじゃないですか』ということになると、それは違うと言わざるを得ません。**不幸や悲劇という現象は存在しなくて、「そう思う心があるだけ」なのです。**

仮にこの力士が、『つらかった』『大変だった』と言い続けたのであれば、この力士のとらえ方がおかしいと思います。力士、本人が言っていないのに、アナウンサーが勝手に感情移入して、『ものすごく大変なことを克服して、すごかったですね』と言っているのであれば、そのアナウンサーのとらえ方がおかしい。力士は、それが、本当につらいのだったら、やめればいいわけですから」

「私の会社は大変な会社です」「事務所がこうなんです」「社長がこうなんです」「ひどい人ばかりなんです」と言われる方がいますが、私に言わせれば、「本当に嫌で、つらいのなら、やめればよいじゃないですか?」ということです。やめる選択肢があるのに本人がやめないで、このようなことを言うのは、愚痴を言っているだけです。もし本当に嫌なのだったら、「やめる」という選択もできるはずではないでしょうか?

この力士は、やめたければ、やめることができたはずです。けれどやめなかったということは、結局、「好き」でやっていたのだと思います。
「一度は大関から陥落したのに、克服できてよかったですね」「つらい時期を乗り越え、14勝1敗という成績を残せたのは立派ですね」と、個人の感情として喜んであげるのはよいと思います。

その力士が喜んでもかまわないし、NHKのアナウンサーが喜んでもかまいませんが、「宇宙的な事実」としては、「悲しくつらいことを乗り越えた」という事実はないようです。

本人が、「つらい」「悲しい」と思ったら、それは本人にとって「つらい」「悲しい」ことであって、「つらい現象」「悲しい現象」が存在するわけではありません。

ある現象が起きていることと、それに対して自分がどう論評・評価をして感情を移入するかは、別問題だと思います。

それを、ひと言で言うと、「感情は別」ということです。

現象と、感情は別。結局、ありとあらゆる現象はすべて「ニュートラル（中立）」で、宇宙的な意味づけ、性格づけがされているのではないようです。

第9章

Magic of the Word “Arigato”

「神様」が味方になる習慣

063

神様が嫌いな3つの感情は、「復讐心《ふくしゅうしん》」「嫌悪や憎悪」「自己顕示欲《じこけんじよく》」らしい

人間は、「復讐心《ふくしゅうしん》」「嫌悪や憎悪」「自己顕示欲《じこけんじよく》」の「3つの感情」を持つと、損をするようです。というのは、これらはみな、「神様に嫌われる感情」らしいのです。

この3つは、自分では抑え込んでいるつもりでも、ちょっと気を許すと、すぐに芽吹いて大きくなろうとします。

とくに「自己顕示欲」（自分を「たいしたものだ」と認識したい気持ち）は、「すごい」「素晴らしい」という賞賛を浴びるほど、大きくなっていくようです。 自己顕示欲が大きくなりすぎると、「自分はこんなにすごい人間なのだ」と自慢話をするようになり、自分を見失ってうぬぼれます。

「すごい実力」を持った人でも、口から出る言葉が「自分がどれほどすごい人か」という自己顕示欲、「自分はこんなにすごいんだけど、正当に評価されないのは許せない」という嫌悪、「いつか見返してやるんだ」という復讐心ばかりだったとしたら、誰も話を聞きたいと思わないでしょう。

人が何かを成し遂げたとき、そこには「天の運、地の利、人の支援」の3つが存在しているとと思います。**自分の実力や才能、才覚、努力で到達できるのは、「成し遂げよう」と思ったことの途中までで、それプラス「天の運、地の利、人の支援のいずれかが欠けても達成できない」と、私なりの結論に至っています。**

高校野球を例にとって考えてみましょう。本人に非凡な打撃センスと剛速球を投げる肩があったとしても、対戦相手の運もあれば、天候の運もある。打った打球がどこに飛んでいくのか、仲間がしっかり打ってくれるのか、守ってくれるのかなど、「自分の実力だけではどうにもならないこと」があります。

こうした「運」は、次の3つのものから複合的に生み出される気がします。その3つとは、「明るい心」、「感謝する心」、そして、「誠実さ」です。

「明るい心」とは、どんな苦境に立たされても夢や希望を失わない心のことです。

「感謝する心」とは、自分が何かを成すことができたのは、「天」「地」「人」が味方してくれたからであることを知って、感謝することです。

「誠実さ」とは、表も裏もなく、今ある状況で一所懸命に、謙虚に尽くすことです。この3つを持っていると、どうも「幸運や好運に恵まれる」ようなのです。

真言宗《しんごんしゅう》の宗祖《しゅうそ》である弘法大師《こうぼうだいし》・空海《くうかい》は、「真言密教《しんごんみっきょう》」の教義をひとりで完成させ、多くの教えや寺院を残しました。長い歴史の中でも、「天才」と呼ばれていますが、この空海にも「座右《ざゆう》の銘《めい》」があったと言われています。空海ほどの天才が、どのような言葉を座右の銘にしていたのか、とても気になります。その言葉とは、

「人の短《たん》を言うなかれ。己《おのれ》の長《ちょう》を説くなかれ」

というものでした（空海自身の言葉ではなく、後漢の文人、崔瑗《さいえん》が残した『座右銘《ざうめい》』を空海が筆写した、と言われています）。「他人の短所を口にしない。自分の長所を『どうだ、すごいだろう』と説明しない」という意味です。空海ほどのすごい人であっても、「自慢しない、うぬぼれない」ことを常に自戒していたようなのです。

「復讐心」「嫌悪や憎悪」「自己顕示欲」を持たないように自分を戒めて、ただ黙って行動をしていれば、自慢せずとも、多くの人に認められるのではないでしょうか。

064

「気」や「念」は、人の体に入るものに強く効果を示すらしい

1996年11月に、香川県のフィットネスクラブで講演をすることになりました。そこで私は「念」についての話をしました。「念」という漢字を分解すると、「今」と「心」に分かれます。

私たちは、過ぎてしまって取り戻すことができない現象にクヨクヨし、まだ来てもいない未来に対して取り越し苦労をします。けれど、もっとも大事なのは「今」です。**「今」、自分の目の前に存在するひとつひとつ、一人ひとりを大事にするのが「今」の「心」、すなわち「念を入れる」ということのようです。**

香川県でそんな話をした2カ月後、私のもとに1通の手紙が届きました。正確に書き記すことはできませんが、おおよそ、次のような趣旨でした。

「結婚して数年経つが、夫の両親と意見や価値観が合わないと感じていました。そんなとき、『念』についての話を聞きました。

そこで、夕食をつくるときに、『念』を入れてみることにしました。『このご飯を食べる人が健康で元気で幸せになりますように。やさしい笑顔になりますように』と、

『念』を込めながら料理をつくりました。

食事を終え、食器を洗っていると、ポンポンと肩を叩かれました。振り返ると姑《しゅうとめ》でした。怒られるのではないかと身構えると、『今日の夕食、おいしかったわよ』という言葉が耳に届きました。今までは一度も『おいしかった』と言われたことはなかったのです。その日を境に、3人の関係は信じられないほど好転しました。夫の両親のことを私は誤解していたのかもしれない。私が抱いていた『なんとなく嫌だ』『気が合わない』という気持ちが溝をつくっていたのかもしれないと思うようになりました。『念を入れる』という実験は、信じられないほどの結果を示しました。『念』や『気』の存在を確信すると同時に、今まで気を入れずに料理をしてきた自分を反省しました」

「『気』なんて気のせいだ」「『気』なんて精神論だ」と言う人もいるでしょうが、今ここで、「気」の存在を「科学的」に「あるか、ないか」論じるつもりはありません。

注目したいのは、「好ましい人間関係」でなかったものが、「気」あるいは「念」を入れたことで（そういう気持ちで料理をつくったことで）、好ましい状態に変わったという「実例があった」ということです。

「気」があるか、ないかを証明することよりも、「こうすると、こうなるようだ」という「方程式」を発見できたことのほうが重要だと思います。

26年間アトピーで悩んでいた女性は、半年前からお茶を飲む前に、「私の細胞を正常にしてくださって、ありがとうございます」と声を出すようにしたそうです。

すると2週間で湿疹が消え、1ヵ月で治ったと聞きました。ありとあらゆる治療をして、それでも治らなかったアトピーが、飲みものを飲むときに「お礼（感謝）」の気持ちを込めるようにした結果、治ったというのです。

「気」や「念」はどうも存在するらしい。しかも、「気」や「念」は、「人の体に入るもの」（食べもの、飲みもの）に対して強く、顕著に効果を示すらしいのです。

すべてが「気」や「念」で解決するわけではないでしょうが、やったことがないのであれば、実験してみると、とても楽しい結果が待っているかもしれません。

065

「何もない日常」こそが幸せの本質。
それに気づかせてくれる「贈り物＝災難」

ずいぶん昔、あるデザイナーが、次のようなことを言っていました。

「ものをつくるにあたって、形としてのデザインも重要だが、色も重要だ。色というものを自分の中でさまざまにとらえ、さまざまに表現してきたが、この数年は、『白と黒』に強く関心が向いていた。

しかも最近は、『白は単なる白ではなく、黒は単なる黒ではない』と思うようになった。

そして、『白より白い白があり、黒より黒い黒がある』ことに気がついた。

『白より白い白』とは、『黒の中にある白』であり、『黒より黒い黒』とは、『白の中にある黒』である。

対比させるものが黒いほど、その中に存在する白は白さを増し、輝く。同じように、対比させるものが白いほど、その中に使われている黒は黒さを増し、輝く」

このような内容だったと、記憶しています。

白は、白独自で存在するより、黒の中に存在することで、「白さ」を増す。黒は、黒独自で存在するより、白の中にあることで「黒さ」を増すことになります。

仮に「白＝幸」、「黒＝不幸」と置き換えたとします。するると、「幸の中の不幸は、ますます不幸度を増す」「不幸の中の幸は、ますます幸福度を増す」と解釈できます。

たとえば、生まれた国の気温が、毎日「30度」だったとします。29度になったことも、31度になったこともありません。この国で育った国民は、「今日は暑いですね」「今日は涼しいですね」とは言わないのではないでしょうか。

その国には、「暑い」「寒い」といった概念が存在しなかったはずです。つまり、対比するものがあって、はじめて2つの概念が存在するのです。

私たちは、目の前に起きる現象を「幸か、不幸か」「幸運か、不運か」に分けるように訓練されてきました。

自分の思い通りの結果が得られたときは「幸」であり、自分の平穏を脅かすもの（病気や事故、倒産など）は「不幸」ととらえてきました。ですが、よく考えてみると、

「幸・幸運」＝「自分の思い通りになること」

「不幸・不運」＝「自分の平穏が脅かされること」


という2つの概念は、じつは、「対比」の関係になっていないことがわかります。

「不幸・不運」＝「自分の平穏が脅かされること」であるとするならば、その反対概念である「幸・幸運」は、「平穏・平和であること」になります。


海に魚が泳いでいました。この魚は、生まれてから一度も海の外に出たことがないため、「海を見てみたい」と願い、念じました。

その魚が泳いでいる岸辺に、人が座り、釣り糸を垂らしました。魚は、「このエサに食いついてみれば、きっと『海』が見られる」と、パクッと食いつきます。

それに応じて、釣り人は糸を引き、魚は生まれてはじめて外に出ました。そして、外からたしかに「海」というものを見ることができました。

しかし、苦しい。「もう十分に『海』の広さ、大きさがわかりました。これ以上『海』を見る必要はないので、海に戻してください」と魚は釣り人に頼みます。釣り人はその願いを聞き入れ、魚を海に戻してあげました。

この「寓話《ぐうわ》」の中の「魚」が「私」です。「海」は「幸せ」です。私たちは、「海という名の『幸せ』の中に泳ぐ魚」であるらしいのです。

願いや望みや思いがかなうことではなく、生きていること自体が、何もないことが、何も起きず平穏無事であることが、「幸せ」の本質のようです。

「海を見てみたい」と念じた魚の前に釣り糸を垂らしたのが「神様」だとすると、釣り上げられて海を出て、はじめて海を見たものの、呼吸ができなくて苦しいという状態が、もしかしたら「病気」や「事故」なのかもしれません。

平和・平穏を脅かす「災難（病気や事故）」は、平和・平穏である日常生活（当たり前の毎日）がどれほど喜ぶべきもの（幸せの本質）であるかを教えてくれる、素晴らしい贈り物であったとも考えられるのです。

「幸せの本質」を認識できず、その「幸せの海」の中にいながら、「幸せを見たい」、「海を見てみたい」と叫んでいると、神様はその願いをかなえてはくれるようなのですが、「釣り上げられた魚」は、苦しくて、つらいらしいのです。

何かを思い通りにすることや、願いや望みをかなえることが「幸せ」ではないと思います。

平和で、平穏で、穏やかに、静かに、淡々と流れていく「日常」こそ、「幸せ」の本質であるようです。

066

「偶然に起きることが多すぎる」のは、神様がいる証拠らしい

広島で講演会があったときのことです。講演会の翌日、私が宿から10㎞くらい離れたお店に入ったところ、講演会に参加されていた3人の親子が10秒くらいの差で入ってきました。「あっ、小林正観さんですね」「はい。昨日、聞きに来られた方ですね」

4人で、一緒に、ランチを取ることになりました。

食事の最中に、お父さんが、「正観さんの話はとてもおもしろかった」と言ったあと、「じつは私は、ガンなんです」と打ち明けてくださいました。

ご家族は広島市内に住んでいるのですが、ご主人は、余命いくばくもない。それで、好きなことをするために、海の見える高台にアトリエを構えているそうです。食事のあと、アトリエに連れて行っていただきました。アトリエで、古いカメラ、楽器、精巧なミニチュアカーなど、自分の好きなものに囲まれ、海を見ながら、好きなことをして暮らしているとのこと。私もその日は急ぐ用事はなかったので、ゆっくりお話をさせていただきました。その1年後のことです。広島で行われた講演会に奥さんがお越しになって、このように言われました。

「昨年、親子3人で、一緒に食事をさせていただいた者ですが、覚えていますか？その後、夫が亡くなりました。3月12日でした。主人は、『今年も、小林正観さんにお会いできるかな』と言っていたのですが、残念ながら亡くなってしまいました」

去年会ったのは、たしか4月か5月です。そのときは、「余命いくばくもない」と言われていたそうですが、あれから1年ほど、生きておられたことになります。

私は、「うたしごよみ」という日めくりカレンダーを出させていただいています。「うたしごよみ」の「12日」には、「覚悟」という言葉を私が書き、それに続く形で「良寛《りょうかん》和尚《おしょう》の言葉」を書かせていただきました。


「覚悟」

災難に遭《あ》いそうになったら、遭う。

死にそうになったら、死ぬ。

それが災難よけの最良の方法。

―良寛和尚の言葉―

このご主人は、「うたしごよみ」を病室の壁に貼っていたそうです。すると、あるときから、日めくりが「覚悟」のページから変わらなくなりました。奥さんが「12日を過ぎているから、めくろうか？」と聞くと、「めくらないでくれ」と言われたそうです。

おそらく、ご主人にとって、いちばん見ていたいメッセージだったのかもしれません。死が近づいてくるのがわかって心が動揺したとき、「覚悟」という言葉を何十回も何百回も見直すことで、心の安らぎを得ていたのではないでしょうか。だから、日めくりをめくることができなかったのだと思います。この方が亡くなったのは、3月12日なのですが、その「覚悟」という言葉が綴られているのも、「12日」なのです。

この世に「神様はいない」と思ってもいいのですが、それにしては「偶然に起きることが多すぎる」と私は思います。「あなたが自分に言い聞かせようとしたことを、間違いなく神様は受け入れます」というメッセージとして、「12日」にその方を連れて行ったのではないかと、私は思います。

067

「言葉」には、神様が宿っているらしい

「愛語《あいご》」という言葉は、良寛《りょうかん》和尚《おしょう》が好んで使っていたと言われています。良寛和尚の「愛語の心」とは、こういうものだと聞きました。

「自分は貧しいひとりの修行僧なので、人に与えるもの、あげるものが何もない。だからせめて、心をあたたかくするような、心を安らげるような『言葉』をあげたい。それならいくらでもあげることができるから」

良寛和尚は、自分の口から出てくる言葉を「あたたかい言葉」「やさしい言葉」「思いやりに満ちた言葉」にしたいと思っていたようです。

言葉には、どうも、すごい力が宿っているようです。

「Oリング（オーリング）」という実験があります。自分の利き手の手のひらを上に向け、親指と人差し指でアルファベットの「O」の形をつくります。「つらい」「苦しい」「つまらない」と言ったあとに（誰かに言ってもらったあとに）、Oリングが開かないように指に力を入れ、誰かに開けてもらいます。

開ける人も、両手にOリングをつくり、開けられる人のOリングに通して、左右に引っ張ります。すると、なぜか力が入らずに、簡単に開けられてしまいます。

その反対に、「嬉しい」「楽しい」「幸せ」と言ったあと（誰かに言ってもらったあと）は、なぜかOリングは、なかなか開きません。

「つらい」「苦しい」「つまらない」と言うと（言われると）力がシュンと抜けてしまい、「あたたかい言葉」「やさしい言葉」「思いやりに満ちた言葉」を言うと（誰かから言われると）、筋肉や細胞に力がみなぎるらしいのです。

日本の神道には「言霊《ことだま》」という概念があります。「言葉には神が宿っている」という考え方ですが、私たちは、普段、使っている言葉のひとつ1つに、相手に大きな影響を与える力（神）が宿っていることを忘れていたのかもしれません。

良寛和尚は超能力的な解釈から「愛語」に至ったわけではなく、与えるものが何もなかったから「愛語の心」に行き着いたのだと思いますが、「人をシュンとさせる言葉は使わない」という思想は、「宇宙的事実を読み取っていた」とも解釈できるでしょう。

京都に、空也上人《くうやしょうにん》の木像があります。木像の口から細い板が出ていて、その上に、小さな仏様が何人も立っています。説明によると、「空也上人の口から発せられるひと言ひと言が、すべての人を救いに導く『仏』であった」というのです。

私はこれまで、「不平不満・愚痴・泣き言・悪口・文句」を言うことは、「悪臭を放つ花の種を蒔《ま》くこと」と同じだと考えていましたが、一歩進んで、自分の口から発せられる言葉をすべて、「あたたかいもの」「勇気づけるもの」「安らげるもの」「幸せを感じさせるもの」「喜びを与えるもの」にできたらと思います。そうすれば、「芳香《ほうこう》を放つ花の種を蒔く」ことにもなるでしょう。

「悪臭」の中で生きるか、それとも「芳香」の中で生きるか……。芳香の中で生きるほうが、楽しそうです。

「言葉には『神』が宿っている」という考えは、「言葉には『気』が込められている」という考えでもあります。

だとすれば、人の心を明るくする気を込めたいものです。人に対して、「愛語」を考えるだけでも、生活が変わってくるような気がします。

068

「そうならなくてもいいけど、そうなったら嬉しい」と思うと、超能力が引き出されるらしい

「一度も泳いだことがない」という人が水泳教室に行ったそうです。体を水面に横たえて「浮く」練習をしたのですが、「沈みたくない」「浮いていたい」と思って力を入れたとたん、ブクブクと沈んでしまった、といいます。

その様子を見ていた先生は、「浮かべないようですね。では、今度は鼻をつまんで沈んでみましょう」とアドバイスをしました。先生の言う通りに「沈んでみよう」としたところ、今度は沈むことができない。「体を沈めてもかまわない」と思った瞬間、余計な力が抜けて、体が自然に「浮いてしまった」ようです。

この事実は、大変、おもしろいことを意味していると思います。

人間の潜《せん》在《ざい》能力や超能力は、「こうでなければ嫌だ」「こうならなければダメだ」と思った瞬間に、出てこなくなるようです。**反対に「そうならなくてもいい。でもなるといいな。でも、ならなくてもかまわない」と考えると、潜在能力が花開くらしい。**

念ずる方法というのは、「0ライン＝そうならなくてもいい」が前提です。「そうならないのが当たり前」という基本を押さえたうえで、さらに「そうなったら嬉しく、幸せだ。けれど、そうならなくてもいいけれど……」と考えると、潜在能力や超能力を引き出すことができるみたいなのです。

比叡山《ひえいざん》には「千日回峰行《せんにちかいほうぎょう》」という修行があります。これは、7年（1000日）かけて山々を巡る「非常に過酷」と言われる修行です。この「千日回峰行」を達成した方を「阿闍梨《あじゃり》」と呼ぶそうです。

ある阿闍梨さんの話を聞いたことがあります。この阿闍梨さんは、700日くらいまでは（1年に100～200日ほど歩く）順調に歩いていたそうです。ところが、信者さんからいただいた食べものにあたって、立つことも歩くこともできないほど、体調を崩してしまったそうです。「千日回峰行」は、途中で修行を断念した場合、「死」を選ばなくてはならない決まりになっているため、のどを突くための短剣と、首を吊るためのひもを持ち歩いているそうです。

「これ以上は、もう続けられない」と断念した阿闍梨さんは、のどを突くか、それとも首を吊るか悩み、けれど、そのどちらの方法も苦しそうだったので、「このままばったり前に倒れて、死んでしまうのがいちばんいい方法だ」と考えました。

阿闍梨さんは、鉛のように重たくなった体を起こし、死ぬつもりで前に踏み出しました。「これで死んでもいい。死んで、すべてのことを解決しよう」と思った瞬間、体が嘘のように軽くなり、動けるようになったのだそうです。

後日、阿闍梨さんは、そのときのことを次のように回想しています。

「じつのところ、700日くらいまでは順調だったので、『本当は、神も仏も存在しないのではないか。そんなものがなくても、自分はここまでできた』と思っていました。ところが体が動かなくなり、人間の意志や力ではどうしようもない状態になり、命を捨てる覚悟で一歩踏み出した瞬間に、体が動くようになりました。あのとき、私は『この世には、本当に神や仏が存在するのだ』と心から確信したのです」と。

この阿闍梨さんは「身を捨てた」からこそ、「体が動いた」のではないでしょうか。

「こうでなければならない」という執着を捨て、心穏やかで、満ち足りて、感謝しているときに、人間の脳は、アルファ波や、シータ波（脳波）を出す状態になり、その状態になることで、潜在能力や超能力を呼び覚ますことができるらしいのです。

「そうならなくてもいいけど、そうなったら嬉しい。でも、そうならなくてもいいけど……」という考え方が、どうも潜在能力や超能力を引き出すポイントらしいのです。

おわりに

一般的に「幸せだ」と思えることも、一般的に「不幸だ」と思えることも、自分に起こることはすべて、自分の魂が決めてきたことのようで、「自分が生まれてくる前に書いたシナリオ通り」に進んでいるらしいのです。

であるとするならば、「○○○○をしなければ、事故に遭《あ》う」「○○○○を選択しなければ、不幸になる」「○○○○をしなければ、早死にする」などという「悪しき占い」は、信じる必要がないということになります。

シナリオ通りに進んでいくならば、病気も事故も死も回避できないことがわかります。

「なる人はなる」し、「遭遇する人は遭遇する」し、「死ぬ人は死ぬ」からです。
「悪しき占い」は、病気や死を「不幸なこと」とする前提のもとに成り立っています。
ですが、人の死は、他人がどうこうできる問題ではないらしいのです。
「災害が起きるぞ。何十人もの死者が出るぞ」など、「聞いていて楽しくない予言」＝
「悪しき予言」は、まったく当たらないといえるでしょう。
「悪しき予言」をした人は、「自分の信用のため」に、「必ずその予言が起きてほしい」
と潜在《せんざい》意識の中で祈りはじめるようになるでしょう（本人は、祈りはじめたことに気
がついていません）。
「何十人も死ぬような出来事」を潜在意識の中で祈りはじめると、「魂」を悪魔に乗っ
取られてしまうと思います。

ここでいう「悪魔」とは、「人の不幸や悲劇を望む心のこと」です。
悪魔にコントロールされている予言者や占い師は、「聖なる側」にはいませんから、正しい情報が入ってこないと思います。ゆえに「まったく当たらない」ことになります。

反対に、「自分が心地よくて、幸せを感じるような予言」を聞いたら、それは信じたほうがいいと思います。

たとえば、「私に会った人は、みんな若返って、きれいになっていくんですよね」という「楽しき予言」をする人がいたとします。

この人は、「予言をした以上、若返ってくれないと自分の信用を失ってしまう」ため、その相手が幸せを感じられるように、心の底から祈りはじめることでしょう。

【悪の側にいる占い師・予言者】

- 過度に荘厳《そうごん》で、重々しくて、威厳に満ちた姿、形、格好をしている
- まわりに「よき仲間」がいない
- 「悪しき予言」をする

【聖なる側にいる占い師・予言者】

- 見た目は普通の格好をしている
- 「よき仲間」に囲まれている
- 「楽しき予言」をする

「楽しき予言」をする人は、「聖なる側」「神の側」にいる人かもしれません。ですから、当たる確率が高いようなのです。

ということは、「楽しき予言」をしている人は、「人に喜ばれる」存在であり、あな

たにとって「よき仲間」になりうることでしょう。

●人生は「目に見えない4者」と「目に見える4者」のおかげらしい

お釈迦《しゃか》様の「最初の悟《さと》り」と言われているのが「縁起《えんぎ》の法則」です。

「縁《よ》りて起《お》こる」。縁起というのは、「自分の人生は、自分以外のすべてのおかげ、神仏やまわりのおかげで成り立っている」という意味のようです。

「『私』の思いで成り立っているものは、何ひとつない。人は、自分の思いで未来を切り開き、人生が展開すると思っているために苦悩する。苦悩の本質は、縁起を認めないために起きる。『私』の努力や、才能や、汗によって人生が組み立てられているのではなく、自分以外のすべてが人生を決めている」

ということを、どうやら、お釈迦様は悟ったらしいのです。私の人生は、神仏やまわりの人たちによって成り立っているらしい。このことは、当時の私にとっても非常にショックでした。

「努力したから大学に入れた」「頑張って営業をしたから車が1台売れた」と言いたくなりますが、それは、自分の努力や頑張りによって結果が出たというよりも、「私」が誠実に生きた結果として、神仏や、友人、知人、家族によってもたらされているようなのです。

「縁起」というものが「私」を取り巻いていて、「私」という存在が働きかけをすると、その反作用として、「自分のところに、ある結果となって戻ってくる」ようなのです。

「まわりの人に喜んでもらう」ために自分のできることをする。それを、神仏やまわりの人たちが喜んでくれて、認めてくれたとき、その結果とし

て、「私」を「今の状況に」してくれている……、というのが、どうやら「宇宙の構造」らしいのです。

私は「努力を絶対にしてはいけない」とか「頑張ってはいけない」と言っているのではありません。努力をして必死になって頑張ることで、達成できることも、解決できることもたしかにあるでしょう。

しかし、「自分の努力ではどうにもならない問題」を突きつけられるときもある。そんなとき人は、「謙虚」にならざるを得ません。

謙虚になるとは、「自分の力では、できない」と思い定めることです。それがつまり「努力しない」「頑張らない」「必死にならない」ことの意味だと思います。

最終的に私たちにできることは、「お任せすること」だけだと思います。

「お任せする」とは、「目に見えない4者（神様、仏様、精霊、守護霊）」と、「目に見える4者（友人、知人、家族、自分の体）」、この8者に対して、常に「ありがとう」を言いながら感謝をして生きていくしかないようだ……、と思い定めることです。

すると、「ありがとう」と言われた「8者」から共感共鳴を呼ぶのでしょうか……、まわりの人がなぜか手伝って応援してくれたり、神様や仏様も、「やる気」になってくれるらしいのです。

大変な問題に直面したとき、自分の力と努力だけで乗り越えられるのでしたら、努力をしてもいいと思います。

しかし、どんなに頑張っても問題が解決しないときは、「ただ、まわりの人に感謝をして（ありがとうを言って）、お任せする」という方法を、取ってみてはいかがでしょうか。

●「我《が》」を捨てれば、宇宙は味方になってくれるらしい

宇宙には、「か・が・み」の法則というものがあるみたいです。

「か」は「河《か》」。

「あれをやったほうがいい」という「宇宙の声」や「宇宙の流れ」のことです。

「が」は「我《が》」。

「あれをやりたい」「これをやりたい」という欲求、欲望、自我のことです。

「み」は「身《み》」。

「宇宙の流れ」を把握し、それが自分の「魂」に合っていると判断できれば、体が素直に喜ぶようです。

どうも、「河」である「宇宙の流れ」を感じ取って、「身」である自分が素直に喜ぶように生きていけばいいみたいです。それが、「思いを持たない生き方」です。

何かを引き受けたときに体が元気になったとしたら、それは、自分の「魂」に合っていると「身」が教えてくれているらしいのです。

ところが、「河」と「身」の間に「我」が入ってしまうと、「神様」が伝えようとしているメッセージが分断されてしまうようです。

「あれをやりたい、これをやりたい」「あれが好き、これが好き」という思いを持っていると、その思いがかなわなかったとき、「不平不満・愚痴・泣き言・悪口・文句」を口にするようになり、やがて「身」が壊れていくようなのです。

「河」と「身」は、「我」がなければ溶け合い、合体できるのです。邪魔をしているのは、2つの間に存在する「我」。間の「我」を取ってしまえば、人は「か・み」になる。

「が」をなくすと「かみ」になる（「我」をなくすと「神」になる）というのは、大変、おもしろい構造です。

やる気は必要ないようです。よき仲間から「頼まれたからやっている」と思いながらやっていけばいいのです。思いが強ければ強いほど、「我」が強ければ強いほど、宇宙は味方をしてくれないらしい。

「結婚したい、結婚したい」と思えば思うほど相手が遠ざかり、「この商品を売りたい、売りたい」と思えば思うほど売れ残る、「お金が欲しい、お金が欲しい」と思えば思うほど、お金がどんどん遠ざかってしまうようです。

なぜなら、「我」にとらわれ、「感謝することを忘れているから」らしいのです。

「結婚相手に恵まれたい」という思いを強く持っている人は、「今の人間関係が気に入らない」と宣言していることと同じようです。

それは「神」に対して宣《せん》戦《せん》布《ふ》告《こく》しているのと同じでしょう。今の状況に満足していない人に、宇宙は味方してくれないと思います。

●よき友を得ることは、聖なる道のすべてらしい

お釈迦様の弟子のひとり、アーナンダは、25年間、お釈迦様の付き人をしていました。

ある日、アーナンダは、お釈迦様にこう尋ねます。

「お師匠様、よき友に出会うことは、聖なる道の半ばまで来たと思って、いいのではないでしょうか?」

私の考えでは、「聖なる道」というのは、「心に曇りや苦しみがなく、明るく穏やかに生きて行くこと」という意味ではなかったかと思います。

アーナンダの問いかけに、お釈迦様は答えました。

「アーナンダよ、よき友を得ることは、聖なる道の半ばではない。聖なる道のすべてである」

お釈迦様は、こう説明したそうです。

「私（お釈迦様）を友にすることによって、人は老いる身でありながら老いを恐れずにすみ、病むこともある身でありながら病むことを恐れずにすむ。必ず死すべき身でありながら、死の恐れから逃れることができる。よき友を持つことは、幸せに生きる絶対条件なのだ」

師匠を「友」と呼ぶことに異論もありそうですが、お釈迦様の言う「友」とは、遊び相手や遊び仲間のことではないと思います。

本来の「友」とは、遊び相手とか遊び仲間というようなものではなくて、人生上の悩み・苦しみ・苦悩・煩悩を少しでも軽減してくれるような「気づき」を与えてくれる人のようです。それは同時に、自分もそういう存在になることが「よき友」と言われる条件ということでもあります。

自分も「よき友」と呼ばれるような存在になって、互いに教え合い、学びや気づきを知らせ合うことが、「友」という関係なのかもしれません。

「友」という存在の本質を理解するには、「『幸せ』とは何か」を正しく認識する必要がありそうです。

「幸せ」とは、何かを手に入れることでも、思い通りにすることでもなく、「今の自分が『幸せ』の中に存在していること」を知ることだからです。

「得ること」や「手に入れること」を求めている限り、本当の「幸せ」はやってこない気がします。なぜなら、思い通りに得られるものなど、ほとんどないからです。

「こんなことを感じた」「こんなふうに思った」ということを語り合うことで、重荷を減らし、ラクになり、生きることが楽しくなる。そういう仲間こそが、お釈迦様の言う「友」だと私は解釈しています。

私が思うに、「友」と「師匠」の違いは、「一方通行」と「相互通行」の差ではないでしょうか。

お互いに、「こんなことがわかった」「こんなことを知った」と教え合い、語り合うのが「友」の本質だと思います。

おそらくお釈迦様も、アーナンダの何気ないひと言から多くのことに気づき、学んでいたのではないでしょうか。

その意味でアーナンダは、お釈迦様にとって真の友だったのかもしれません。

●「ありがとう」と感謝をして「喜ばれる存在になる」こと

人はひとりで生きていると「ヒト」ですが、喜ばれるように生きていくと、人と人の「間」で生きる「人間」に変わります。人の間で生きるということは、「自分が必要とされている」ということです。

「人間」の生きる目的は、ほしいものを得たり、何かを成し遂げることではなく、

・「人の間で喜ばれる存在になること」
・「『ありがとう』と言われる存在になること」

にほかなりません。発する言葉や表情など、その人の振る舞いが「まわりを喜ばせるもの」になっていれば、投げかけた結果として、まわりの人があなたにとっての「よき仲間」になってくれるでしょう。

「しあわせ」の語源は「為《し》合《あ》わせ」です。お互いにしてあげることが、「幸せ」の本質なのです。

努力をして、頑張って、必死になって、自分の力だけを頼りに生きていこうとする人のもとには、人は集まりません。「孤独という状態」が続いてしまいます。

一方で、「自分の力なんてないんだ」と思っている人は、まわりに支えられて生きていることがわかっているので、「謙虚」です。

「謙虚」とは「感謝」すること。「感謝をする人（「ありがとう」を言う人）」のもとにはたくさんの人が集まってきて、「よき仲間」に囲まれます。

教え合い、学び合い、交歓《こうかん》し合う「よき仲間」に囲まれたなら、それだけで「天国度100％」。頑張りも努力もいりません。ただ、「喜ばれること」を続けていけばいいのです。

「思いを持たず」、よき仲間からの「頼まれごと」をただやって、どんな問題が起こっても、すべてに「ありがとう」と感謝する（受け入れる）こと。

「そ・わ・かの法則（掃除・笑い・感謝）」を生活の中で実践することであり、「ありがとう」を口に出して言い、逆に、「不平不満・愚痴・泣き言・悪口・文句」を言わないこと。

すると、神様が味方をしてくれて、すべての問題も出来事も、幸せに感じて「よき仲間に囲まれる」ことになり、「喜ばれる存在」になる。

これこそが「人生の目的」であり、「幸せの本質」なのです。

小林《こばやし》正観《せいかん》

【謝辞】

最後に、「ベスト・メッセージ集3」である本書『ありがとうの魔法』の作成にご助力いただきました、（株）宝来社の小野寺《おのでら》大造《だいぞう》さん、（株）ぷれし～ど代表取締役で「正《せい》観塾《かんじゅく》」師範代《しはんだい》の高島《たかしま》亮《りょう》さん、クロロスの藤吉《ふじよし》豊《ゆたか》さん、斎藤《さいとう》充《みつる》さん、そして、編集担当である（株）ダイヤモンド社の飯沼一洋さんには、大変、お世話になりました。この場を借りて、心よりお礼を申し上げます。

２０１７年９月

（株）ＳＫＰ　代表取締役　小林《こばやし》　久恵《ひさえ》

【参考文献&引用】

・『仏教百話』（増谷文雄／筑摩書房）
・『ブッダ最後の旅』（中村元：訳／岩波書店）
・『エジソンの言葉　ヒラメキのつくりかた』（浜田和幸／大和書房）
・『手塚治虫のマンガの描き方』（手塚治虫／手塚プロダクション）
・『手塚治虫エッセイ集　６巻』（手塚治虫／講談社）
・『手塚治虫講演集』（手塚治虫／講談社）
・『ガラスの地球を救え―二十一世紀の君たちへ』（手塚治虫／光文社）
・『宮本武蔵』（吉川英治）
・『風の良寛』（中野孝次／集英社）
・『良寛和尚逸話選』（禅文化研究所編／禅文化研究所）
・『松下幸之助　一日一話』（ＰＨＰ総合研究所編／ＰＨＰ研究所）
・『道をひらく』（松下幸之助／ＰＨＰ研究所）
・『商売心得帖』（松下幸之助／ＰＨＰ研究所）
・『ブッダの真理のことば　感興のことば』（中村　元・訳／岩波書店）
・『ブッダ神々との対話　サンユッタ・ニカーヤ1』（中村元・訳／岩波書店）
・『１００％幸せな1％の人々』（小林正観／ＫＡＤＯＫＡＷＡ中経出版）
・『マンガでわかる　１００％幸せな1％の人々』（小林正観／ＫＡＤＯＫＡＷＡ）
・『啼かなくていいホトトギス』（小林正観／ＫＡＤＯＫＡＷＡ中経出版）
・『「ありがとう」のすごい秘密』（小林正観／ＫＡＤＯＫＡＷＡ中経出版）

- 『みんなが味方になる　すごい秘密』（小林正観／KADOKAWA）
- 『ただしい人から、たのしい人へ』（小林正観／廣済堂出版）
- 『宇宙法則で楽に楽しく生きる』（小林正観／廣済堂出版）
- 『嬉しく楽しく、幸せになってしまう世界、へようこそ』（小林正観／廣済堂出版）
- 『「今」という生きかた』（小林正観／廣済堂出版）
- 『無敵の生きかた』（小林正観／廣済堂出版）
- 『豊かな心で豊かな暮らし』（小林正観／廣済堂出版）
- 『22世紀への伝言』（小林正観／廣済堂出版）
- 『楽しい人生を生きる宇宙法則』（小林正観／講談社）
- 『喜ばれる』（小林正観／講談社）
- 『「人生を楽しむ」ための30法則』（小林正観／講談社）
- 『努力ゼロの幸福論』（小林正観／大和書房）
- 『ありがとうとお金の法則』（小林正観／大和書房）
- 『この世の悩みがゼロになる』（小林正観／大和書房）
- 『楽しく上手にお金とつきあう』（小林正観／大和書房）
- 『悟りは3秒あればいい』（小林正観／大和書房）
- 『ごえんの法則』（小林正観／大和書房）
- 『人生は4つの「おつきあい」』（小林正観／サンマーク出版）
- 『「そ・わ・か」の法則』（小林正観／サンマーク出版）
- 『「き・く・あ」の実践』（小林正観／サンマーク出版）
- 『運命好転十二条』（小林正観／三笠書房）

・『神さまに好かれる話』(小林正観/三笠書房)
・『すべてを味方　すべてが味方』(小林正観/三笠書房)
・『宇宙を味方にする方程式』(小林正観/致知出版社)
・『宇宙を貫く幸せの法則』(小林正観/致知出版社)
・『宇宙が応援する生き方』(小林正観/致知出版社)
・『心に響いた珠玉のことば』(小林正観/ベストセラーズ)
・『楽しい子育て孫育て』(小林正観/学習研究社)
・『日々の暮らしを楽にする』(小林正観/学習研究社)
・『生きる大事・死ぬ大事』(小林正観/イースト・プレス)
・『こころの遊歩道』(小林正観/イースト・プレス)
・『なぜ、神さまを信じる人は幸せなのか?』(小林正観/イースト・プレス)
・『心を軽くする言葉』(小林正観/イースト・プレス)
・『脱力のすすめ』(小林正観/イースト・プレス)
・『神様を味方にする法則』(小林正観/マキノ出版)
・『幸も不幸もないんですよ』(小林正観/マキノ出版)
・『笑顔で光って輝いて』(小林正観/実業之日本社)
・『宇宙方程式の研究』(小林正観/風雲舎)
・『釈迦の教えは「感謝」だった』(小林正観/風雲舎)
・『淡々と生きる』(小林正観/風雲舎)
・『宇宙も神様もぜんぶ味方につける習慣』(小林正観/宝島社)
・『感謝ではじまる幸せの習慣』(小林正観/宝島社)

【「再編集・加筆・修正」した文献】

※本書は、小林正観氏の著作である「未来の智恵」シリーズ（発行所：弘園社／販売元：SKP）、「笑顔と元気の玉手箱」シリーズ（宝来社）の下記の著作の一部を再編集して加筆・修正、また、『もうひとつの幸せ論』『ありがとうの神様』『ありがとうの奇跡』（共に、ダイヤモンド社）の一部を再編集して加筆・修正を加えたものです。

「未来の智恵」シリーズ（販売元：SKP）

http://www.skp358.com
『波動の報告書』『こころの遊歩道』
『守護霊との対話』『こころの宝島』
『生きる大事・死ぬ大事』『幸せの宇宙構造』
『ただしい人からたのしい人へ』
『で、何が問題なんですか』
『宇宙が味方の見方道』『楽に楽しく生きる』
『宇宙を解説◆百言葉』『こころの花畑』
『魅力的な人々』『男と女はこんなにちがう』

「笑顔と元気の玉手箱」シリーズ（宝来社）

『笑いつつやがて真顔のジョーク集』
『お金と仕事の宇宙構造』
『天才たちの共通項』『究極の損得勘定』
『究極の損得勘定 Part2』『心がなごむ秘密の話』
『知って楽しむ情報集』『神さまの見方は私の味方』
『UFO研究家との対話』

【著者紹介】

小林正観（こばやし　せいかん）

1948年、東京生まれ。作家。2011年10月逝去。

学生時代から人間の潜在能力やESP現象、超常現象に興味を持ち、心学などの研究を行う。

講演は、年に約300回の依頼があり、全国を回る生活を続けていた。

著書に、『楽しい人生を生きる宇宙法則』『「人生を楽しむ」ための30法則』（以上、講談社）、『笑顔で光って輝いて』（実業之日本社）、『心に響いた珠玉のことば』（ベストセラーズ）、『宇宙を味方にする方程式』『宇宙を貫く幸せの法則』（以上、致知出版社）、『「そ・わ・か」の法則』『「き・く・あ」の実践』（以上、サンマーク出版）、『神さまに好かれる話』（三笠書房）、『釈迦の教えは「感謝」だった』『淡々と生きる』（以上、風雲舎）、『無敵の生きかた』『豊かな心で豊かな暮らし』（以上、廣済堂出版）、『この世の悩みがゼロになる』『悟りは３秒あればいい』（以上、大和書房）、『心を軽くする言葉』（イースト・プレス）、『100%幸せな１%の人々』（KADOKAWA中経出版）、『神様を味方にする法則』（マキノ出版）、『もうひとつの幸せ論』『ありがとうの神様』『ありがとうの奇跡』（以上、ダイヤモンド社）など、多数。

※小林正観さん関連の情報は下記へ。
（株）SKPホームページ　http://www.skp358.com
株式会社SKPは、「正観塾」「茶話会」「読書会」「合宿」などの全国各地の小林正観さんの仲間の集まりの開催や、小林正観さんの著書やCD（朗読・歌）をはじめ、小林正観さんが企画デザインした商品「うたしグッズ」の著作権管理・販売会社です。

ありがとうの魔法

2017年9月21日　第1刷発行
2025年7月24日　第5刷発行

著　者——小林正観
発行所——ダイヤモンド社
〒150-8409　東京都渋谷区神宮前6-12-17
https://www.diamond.co.jp/
電話／03･5778･7233（編集）　03･5778･7240（販売）
装丁————重原 隆
編集協力——藤吉 豊（クロロス）
本文デザイン･DTP——斎藤 充（クロロス）
製作進行——ダイヤモンド・グラフィック社
印刷————勇進印刷（本文）・加藤文明社（カバー）
製本————ブックアート
編集担当——飯沼一洋

ISBN 978-4-478-10329-6